本书为国社科项目"俄罗斯城市化问题研究（15BSS036）"；黑龙江省高校基本科研业务费高层次项目预研计划"新时代中俄远东地区投资合作问题研究"（HDRWYY201901）的最终成果；黑龙江省经济社会发展重点研究课题"俄乌冲突与新冠疫情叠加下俄罗斯远东经济开发与对外合作问题研究"（WY2022008-B）的阶段性成果。

光明社科文库
GUANGMING DAILY PRESS:
A SOCIAL SCIENCE SERIES

·历史与文化书系·

俄罗斯城市化研究

于小琴 | 著

光明日报出版社

图书在版编目（CIP）数据

俄罗斯城市化研究 / 于小琴著. -- 北京：光明日报出版社，2023.12
ISBN 978-7-5194-7689-2

Ⅰ.①俄… Ⅱ.①于… Ⅲ.①城市化—研究—俄罗斯 Ⅳ.①F299.512.1

中国国家版本馆 CIP 数据核字（2023）第 250249 号

俄罗斯城市化研究
ELUOSI CHENGSHIHUA YANJIU

著　　者：于小琴

责任编辑：刘兴华　　　　　　责任校对：宋　悦　李佳莹
封面设计：中联华文　　　　　　责任印制：曹　诤

出版发行：光明日报出版社
地　　址：北京市西城区永安路 106 号，100050
电　　话：010-63169890（咨询），010-63131930（邮购）
传　　真：010-63131930
网　　址：http：//book.gmw.cn
E - mail：gmrbcbs@gmw.cn
法律顾问：北京市兰台律师事务所龚柳方律师

印　　刷：三河市华东印刷有限公司
装　　订：三河市华东印刷有限公司

本书如有破损、缺页、装订错误，请与本社联系调换，电话：010-63131930

开　　本：170mm×240mm
字　　数：158 千字　　　　　　印　　张：12.25
版　　次：2024 年 3 月第 1 版　　印　　次：2024 年 3 月第 1 次印刷
书　　号：ISBN 978-7-5194-7689-2
定　　价：85.00 元

版权所有　　翻印必究

前　言

城市化是一个复杂的现代化过程,现代化按其内容可分为政治现代化、经济现代化和社会现代化。城市化属于社会现代化范畴,指的是基于城市发展之上的社会生活各方面的历史变化。城市化是一个多维概念,通常人们关注的是人口、经济与地理层面的发展,其社会文明层面容易被忽略。20世纪俄罗斯的城市化经历了俄国、苏联至后苏联时期三个历史阶段。19世纪下半叶俄国农奴制改革后,资本主义关系获得发展,城市化起步;苏联时期在加速战略下半个世纪内完成城市化转型;后苏联时期城市化进入停滞阶段。本文探讨的地理范围是俄罗斯现疆域,所指的苏联时期地理范围为俄联邦苏维埃社会主义共和国行政范围。

一、追赶型模式下俄罗斯的社会现代化

学界对现代化主要有三种解读:第一,类似西欧和北美国家的那种内部演进;第二,非发达国家西化过程;第三,一些发达国家通过改革和创新实现内在变革的过程。英国学者摩尔认为,"现代化是一个从传统社会向经济繁荣、政治稳定的社会形态转变的总体进程";德国社会学家贝克认为,现代化不仅带来中央集权国家的形成、资本的集中、劳动力分工的细化和市场关系的发展、社会流动性的加快以及大众消费的

增长，还会带来人的个性化发展，人们摆脱传统关系占主导的社会形式，知识、信仰和社会规范逐渐丧失了传统上的稳定性。[①] 现代化还可理解为发展中国家（或发展中社会）追赶发达国家（或发达社会）的各种过程，可视作较长历史阶段中不发达国家应对西方文明挑战所选择的方案。此外，现代化还可理解为创新转型的过程。

俄罗斯的现代化采取了一种追赶模式。其现代化的开始可从19世纪亚历山大二世改革算起。广义上，俄国现代化从彼得时期开始，现代化被视作俄国摆脱落后、跻身欧洲强国的一系列举措。19世纪末20世纪初的俄国现代化带有明显的西化特点。苏联时期为了保障自身经济独立、巩固国防，采取了加速模式，通过加速工业化、快速集体化和文化革命向现代工业强国过渡，但这一阶段的社会现代化发展踯躅不前。

二、俄罗斯城市化的总体特点

俄国的城市文明具有一系列矛盾性，它徘徊在西向化与自身传统之间，城市化具有深刻的农村根源，始终没有形成成熟的城市文明。20世纪初，俄国城市人口比重不足20%，仍属于一个地地道道的农业国。苏联时期的城市化与其现代化特点总体一致，带有激进性，城市人口比重快速增长的同时质量层面指标严重滞后，这些特点体现在社会生活的各个领域。从地理学角度来看，苏联时期在加速工业化政策下，俄罗斯的城市化从西向东、从南向北快速推进，执政者通过不断地向东、向北移民完成了耗资巨大的城市人口布局。

苏联时期俄罗斯的城市化处于聚集期，按照城市化阶段发展理论，俄罗斯城市化水平地区差距显著：西部地区相对成熟，形成了大城市带及人口高聚集度的城市延绵带；中部及东部地区人口增长得益于苏联时

---

① Гавров С Н. Модернизация: основные определения и характеристики [J]. Humanity Space International Almanic, 2012, 3 (1): 576.

期工业、人口均衡布局规划，自然条件不利地区城市化同样发展快速，但城市环境质量水平严重落后，尤其是东部的中小城市，多为新城市，缺少城建基础，职能单一。苏联解体后，先前的经济体系停转，大量人口逆流，部分地区城市人口无以为继，城市处于消亡状态。

俄罗斯城市化问题既有和其他国家类似的共性问题，比如环境污染等生态问题等，也具有自身国情下的个性化问题，如城市农村化问题、大量的单一职能城市问题等。俄罗斯在整个20世纪经历了数次战争和经济危机，但城市化却一直高速发展，量化激增完成于20世纪上半叶，下半叶则是城市集约化发展期。20世纪90年代，随着俄罗斯经济向市场关系转型，先前的人口均衡布局被打破，北部和东部地区人口向中、西部大规模外流，莫斯科和圣彼得堡两大超级城市成为人口高度集中的一极，与构成另一极的边缘化地带形成了鲜明的反差。

俄罗斯的人口两极分布问题不断加剧：大城市和城市带占据全俄不足3%的地域，却集中了全俄一半以上的人口，并且人口向超大城市集中是出现在边缘地区人口不断锐减的情况下。俄城市化的另一特点是城市人口向周边地区的乡村别墅流动，即超大城市和大城市有着独特的市郊化现象。别墅传统在俄罗斯有着深厚的历史根源。苏联解体后，城市人口向别墅流动趋势加剧，这是由于别墅在经济危机期间发挥城市居民的"菜篮子"作用，一定程度上节约了城市居民的食物开支，同时中、小城市及农村居民点人口去大城市打工的流动趋势也较为明显，他们大多仍属于原居住地人口，但出于经济动机而留在大城市里。

目前俄罗斯社会经济发展的两极分化并未出现明显改善，但很多地区首府和资源开采城市已开始作为地区经济中心发挥重要作用，这些城市还带动了周边地区的发展，成为周边人口汇聚的中心。在全俄人口发展形势不利的情况下，民族聚居地区的人口数量持续增长，如北高加索的一些共和国、斯塔夫罗波尔边疆区和克拉斯诺达尔边疆区。当前萧条的经济形势令俄罗斯城市发展更加举步维艰,尤其是对那些抗风险能力弱、职能单一的中、小城市而言。不少处于经济颓势的中小城市会出现人口大规模向农村别墅季节性流动的现象,这也是俄罗斯城市农村化的直接体现。

目 录
CONTENTS

第一章　俄国及苏联时期的现代化道路及其特点　1
　　第一节　俄国传统现代化之路　2
　　第二节　苏联时期追赶型现代化道路　8
　　第三节　俄罗斯现代化的独特性　16

第二章　城市精神、城市化理论及俄罗斯城乡社会关系　26
　　第一节　城市精神的内涵　27
　　第二节　俄罗斯城市化理论　32
　　第三节　俄罗斯城乡社会关系　41

第三章　史学与文明视角下俄罗斯城市化　53
　　第一节　史学视角下俄罗斯城市化　54
　　第二节　文明视角下俄罗斯城市化　79

第四章　地理学视角下俄罗斯的城市化与城市化相关问题　90
　　第一节　俄罗斯西部地区城市化　94
　　第二节　俄罗斯中部地区的城市化　115

第三节 俄罗斯远东城市化 …………………………………… 133
第四节 俄罗斯城市化问题 …………………………………… 164

结　语 ……………………………………………………… 173

参考文献 …………………………………………………… 176

第一章

俄国及苏联时期的现代化道路及其特点

城市化是现代化的重要内容，俄罗斯城市化的矛盾性与其现代化道路的特点紧密相关。分析城市化这一多维、广泛的社会现象，我们应从现代化概念、俄国及苏联时期的现代化道路及其特点等方面说起。"现代化"一词来源于英语"modern"，意思是"向现代、最新阶段不断发展的进程"。近几十年来，这一词的含义经历过多次变化。"现代化"这一术语作为一种学术理论形成于20世纪下半叶，这一理论能够很好地解释发展中国家在殖民体系瓦解后所经历的政治、经济和社会变化。最初人们对现代化的理解有两种方式。一种是从不同社会生活领域间的相互关系出发，将现代化理解为从传统社会向现代社会转型中所经历的社会、经济、政治、生态、人口与心理的变化；另外一种理解主要是通过经济增长视角来考量现代化，把现代化理解为西向化，即在各领域复制西方模式，将传统制度与传统价值观视为现代化的阻碍。随着时代发展，人们把现代化理解成一些国家向后工业社会的转向，是一种为了避免社会停滞，应对历史挑战的方式。

西方现代化理论兴起于20世纪50—60年代，主要创始人有马克斯·韦伯和埃米尔·涂尔干。经典现代化理论从体系转型、技术更新和劳动分工角度出发，将现代化分为源发性和后发性两种类型，英国、德国、法国、美国等西方国家的现代化属于前者，后者可理解成向工业社会转型中的发展中国家的工业化以及伴生的各种变化。俄罗斯学界借鉴西方学者的观点相对较晚，始于20世纪80—90年代。俄罗斯的一部分持西向化观点的学者将传统社会向现代社会的过渡理解为一个直线上升的过程，这种观点后来逐渐丧失了其影响力，因为这种观点经不起历史的考验，具有西方中心主义色彩，这种理论也无法解释世界各国多样化的现代化进程，因为现代化理论并不是僵化的教条，而是一个不断发展、持续有新思想加入的过程。

第一节 俄国传统现代化之路

18世纪的俄国以彼得一世改革撬动了现代化的大门。尽管彼得一世改革还谈不上从传统农业社会向现代工业社会的转变，但彼得意识到俄国自身的落后，开始在许多方面效仿西方。当时英国已经完成资产阶级革命，资本主义生产关系已经确立，而俄国依然保持着落后的封建农奴制关系，贵族地主居支配地位。直至1861年农奴制改革，这一重大事件标志着近代俄罗斯正式开启现代化进程，但这一进程与西方国家不同。如果说西方国家的现代化伴随着封建制度的崩溃、劳动力从对土地的依附关系中解放出来，而俄国的现代化则不然，俄国走的是加强中央集权之路。[1]

俄罗斯属于后发性现代化国家。西方学者罗伯特·斯特雷耶（Robert Strayer）认为，"19世纪的俄罗斯是以农民为主体的社会与以现代化为符号的变革力量相碰撞的第一个案例，是一个传统社会试图应对工业化、城市化的不成功的努力"[2]。从国际比较角度来看，罗荣渠

---

[1] 左凤荣.俄罗斯走向新型现代化之路[M].北京：商务印书馆，2014：9.
[2] STRAYER R W. Why did the Soviet Union Collapse[M]. New York: Taylor Francis Ltd, 1998: 240.

先生这样界定现代化："现代化实质上就是工业化，确切地说就是经济落后国家实现工业化的进程。"① 当时的沙皇俄国"为了不被日益进步的欧洲淘汰"而开始了这样的一次大改革。②

俄罗斯的现代化问题与其历史上执政者试图探索一条特殊的发展道路紧密联系在一起。俄罗斯的现代化道路尽管有其特殊性，但并未走出现代化的普遍理论。俄罗斯追赶型发展道路面临的困境并不是其特殊制度所特有的，而是由国家发展演进的历史特点所决定的：在其演进的过程中夹杂着多次跳跃式发展，这带来一些无法掩盖的弊端，使俄罗斯的现代化之路变得复杂而又特别。社会生活各领域的激进发展并不是出于国家发展的内部需求，而是为了达到国家军事方面的绝对优势而进行的资源配置，执政者将这一发展模式作为实现军事领域现代化的手段和工具，而忽略了其他领域的现代化。为了达到军事技术现代化，执政者对传统价值观和保守制度不仅仅要依赖，还要严格遵守并在社会上加以巩固。这些弊端为后工业社会的发展埋下了许多隐患。在后工业时代，如果不思考先前的这些隐患与教训，很难做到从根本上推进当前的现代化。

俄国时期的现代化进程呈现出跌宕起伏的特点。继彼得之后，俄罗斯经历过一段政权更迭、缓慢发展的时期。直至叶卡捷琳娜二世执政，她继承了彼得的事业，学习西方，提出"开明专制"的思想，俄国再次获得了快速发展。沙皇俄国不断地开拓疆域，三次瓜分波兰，将俄国版图从1642万平方千米扩大到1705万平方千米，而后在保罗至亚历山大二世执政时期再次经历缓慢阶段。总的来看，俄国既有战胜拿破仑的辉煌，也经历过多次的失败，但始终没能成为一个现代化国家，而是保留了大量封建残余。迄今俄罗斯大众思想中还保留着"强人治国"的

---

① 罗荣渠. 现代化新论［M］. 北京：北京大学出版社，1993：9-11.
② 钱乘旦，陈意新. 走向现代国家之路［M］. 成都：四川人民出版社，1987：287.

理念，这与俄国历史发展道路有着千丝万缕的联系。

俄国传统现代化之路的独特性在于俄国的迅速发展与强有力的统治者有重要关联，开疆拓土是推动俄国现代化的主要驱动力，"赶超西方"一直是俄国发展的重要目标。无论在彼得大帝、叶卡捷琳娜二世时期，还是亚历山大二世时期，俄国统治者们都利用强有力的国家机器和行政手段推动了国家的发展和进步。

一、彼得一世改革与现代化

彼得一世改革旨在掌握西方先进技术，在军事上超越西方对手。自17世纪开始，俄国感觉到来自西方的军事威胁，这种情况下执政者开始思考有必要借鉴西方强国的管理模式来使国家强大。彼得一世改革被认为是俄国现代化大门的开启，俄国发展史上留下了彼得一世及其改革措施的影响。彼得一世改革推动了俄国从传统社会向工业社会的转变，这在一定程度上决定了俄国现代化的特点。彼得一世改革所开启的这种现代化，其特点根植于俄国历史中的"军事刚需"，即不断地向西和向东展开战争，以满足沙皇对领土的扩张欲作为现代化的目的，这与其他国家有所不同。[①]

彼得一世在执政时期进行了大刀阔斧的改革。第一，改革军事，加强国防，夺取出海口，不断开疆拓土。第二，改革和健全国家的行政机构，将全国分成8个省、50个州，在圣彼得堡建立市政总局。在1711年2月22日，彼得又下令建立参政院，取代原来的贵族杜马。第三，实行宗教改革，加强皇权。第四，改革和发展文化教育事业。第五，兴办近代工业，改变俄国的落后面貌。第六，扶植商业，发展贸易，提高商人地位。这些措施对俄国的社会发展产生了深远影响，把俄国推进到

---

① 李朋，谢景芳. 彼得一世改革特质与俄国现代化方向［J］. 求是学刊，1996（6）：108.

了一个新的历史时代。马克思认为,"彼得大帝改革对结束俄国百年落后的状况起了重大历史作用"。俄国伟大诗人普希金评价彼得一世为智慧的君主和伟大的改革家,播撒启蒙主义思想的勇敢卫士,奠定俄国现代化基础的命运之主。

彼得一世改革的第一阶段集中在军事领域,如恢复军队建设、学习军事技术、建立造船厂和海军舰队等,一些经济改革措施多服务于军事需要。在此期间,他颁布了《二月敕令》,实施征兵制度,每年增加新兵3万人。彼得一世执政36年,征兵达53次,建立了正规的陆军、海军,使俄国军队成为欧洲劲旅,也为其欧洲争霸提供了条件。彼得一世改革第二阶段的特点是加强了经济改革,对外战争与改革同时并行,并逐渐转向全面改革。可以说,战争是彼得一世改革最主要的驱动力,它推动并加速着改革进程,左右着改革内容和方向。从彼得一世改革的目的、措施和结果来看,具有浓厚军事色彩的改革措施与军事、争霸战争的需要相契合。但从本质上来说,彼得一世改革对俄国资本主义关系的发展以及迈向世界现代化进程并未起到根本的推动作用。

二、叶卡捷琳娜二世改革与现代化

叶卡捷琳娜二世执政时期,对内加强贵族官僚统治,扩大贵族特权,维护和发展农奴制。她召开新法典编纂委员会,标榜法律面前人人平等。在她执政时期,封建农奴制达到顶峰。同时她又倡导"开明专制",与伏尔泰、狄德罗等西欧启蒙思想家保持着密切的联系,兴办各类学校,提倡文学创作,鼓励资本主义工商业发展,取消贸易限制。在她执政时期,俄罗斯的领土扩大了67万平方千米,对土耳其发动了两次战争,占据了黑海出海口,侵占了克里米亚半岛在内的黑海北岸广大地区,伙同奥地利、普鲁士先后三次瓜分波兰,从中分得了46万平方千米的土地。在俄罗斯帝国史上,除了彼得一世,另一个具有"大帝"

称号的就是叶卡捷琳娜二世。在叶卡捷琳娜二世执政时期，俄国跨进了世界强国行列，因其积极干预欧洲事务而获得了"欧洲宪兵"的绰号。

叶卡捷琳娜二世的行政改革得到了贵族阶级和处于上升阶段的资产阶级的支持，叶卡捷琳娜二世被称为"贵族女皇"，她执政的34年被称为贵族专政的"黄金时代"。叶卡捷琳娜二世执政时期是俄国专制制度发展最重要的历史阶段之一。这一时期俄国专制制度的强势发展与叶卡捷琳娜二世极力倡导的"开明专制"分不开。叶卡捷琳娜二世的"开明专制"顺应了欧洲的政治潮流，客观上促进了西方先进思想的传播，具有一定的进步意义。这一时期，俄国工商业迅速发展，国力大大加强，尤其是军事实力快速增长，俄国的国际地位及影响力也得到了提升。此外，叶卡捷琳娜二世十分重视文化教育发展，她拨巨款发展俄国科学院，改建冬宫内著名的艾尔米塔什博物馆，鼓励兴办各类学校。

"开明专制"开辟了俄国官方自由主义传统，对俄国的政治现代化产生了深远的影响。官方自由主义是流行于俄国宫廷和上层统治阶级内部的一种政治思潮和政治传统，它主要表现为俄国最高统治者沙皇以及部分上层统治阶层人士在某时期对西方资产阶级思想持鼓励的态度，引进西方先进思想、先进技术和管理方式，支持在俄国进行经济、政治和社会等方面的改革。

叶卡捷琳娜二世时期是俄国专制制度的"黄金时代"，"开明专制"也为俄国专制制度增加了许多新的内容，强化了俄国专制制度和君主制度在新的国际和国内条件下的适应性。"开明专制"的历史还表明，君主制度和国家政权在一定程度上具有自身独立性，即在特定的历史时期，它可以自主寻找发展方向和寻找统治所依靠的社会基础。而且从俄国现代化的纵深角度来看，叶卡捷琳娜二世开创的官方自由主义实际上为俄国的政治现代化推开了一线门缝。①

三、亚历山大二世改革与现代化

俄国现代化进程的真正开启始于亚历山大二世改革。在俄国历史上，由于特殊的政治文化背景，自上而下的社会改革成为调节专制制度的基本运行机制。亚历山大二世及时意识到了欧洲现代化思潮的挑战，被迫进行了资产阶级性质的改革，揭开了俄国工业革命的序幕。然而，他并没有摆脱统治阶层的局限，始终抱着专制制度不放，政治民主化进程举步维艰，这也是俄国现代化进展缓慢、曲折的根源。②

亚历山大二世的改革措施集中在军事、社会、司法和行政体制等方面。在军事方面，他开始积极开发西伯利亚和远东，分别于1858年和1860年利用我国清政府受困于第二次鸦片战争的时机，通过《瑷珲条约》和《中俄北京条约》割占了中国东北地区100多万平方千米的土地。在社会领域，他加大对教育和医疗卫生的投入。自1863年起，俄国大学获得自治权，学术气氛转向自由化，开办女子中学。他提倡开办博物馆、画廊，建成了第一座发电站，俄国开始出现一批以门捷列夫、巴甫洛夫为代表的知名科学家。在其执政时期，兴修铁路，使俄国的铁路里程达到22525千米。在司法方面，他成立"缙绅会议"，开启了司法制度改革，在全俄推行陪审团制度，取消了贵族阶层在法律诉讼过程中的一切特权。

农奴制改革是亚历山大二世对社会发展的最大贡献。废除农奴制突破了俄国发展的瓶颈，促使19世纪后期俄国资本主义发展明显加速，是俄国近代现代化之路的里程碑。但俄国在现代化过程中始终坚持走强

---

① 张建华. 现代化之准备：叶卡捷琳娜二世的开明专制改革［N］. 学习时报, 2004-01-05（5）.
② 张广翔. 亚历山大二世改革与俄国现代化［J］. 吉林大学社会科学学报, 2000（1）: 67.

化国家政权和专制主义道路,在学习西方先进技术与制度改革方面,从西方借鉴不多或者徒有其表,并没有真正形成法治、民主、人权与自由的氛围。可以说,俄国的现代化带有大量封建制度残余。并且俄国的发展与历代执政者不断的领土扩张紧密联系在一起,经济发展的战略目标主要以军事工业和重工业为主。俄国末期农业和轻工业快速发展,这一时期,俄国出现了"经济史上的黄金时期",跃升为欧洲强国。但是俄国并没有建立起能够保障其持续发展的社会体制,保守势力很强。尽管俄国召开了杜马,成立了议会,但俄国仍是一个专制的国家,沙皇政权具有绝对权威,资产阶级不能切实参与到国家管理和政策制定中,更不用说广大普通民众的参政议政了。俄国在第一次世界大战中的失败使社会矛盾更加突出,社会民众与沙皇政府的冲突越来越激烈,当俄国面临危机,找不到出路时,布尔什维克党发挥了领导作用,解散立宪会议,中断了俄国自上而下的渐进式现代化,开创了新的社会主义现代化进程。[①]

第二节 苏联时期追赶型现代化道路

从政治现代化理论出发,世界各国的现代化按照其发展特点可分为"有序现代化"和"追赶型现代化",区分标准主要看国家在现代化进程中的作用。有序现代化不是始自经济领域,而是起步于社会领域的变化,这种类型的现代化主要源于历史传统、生活制度、人们世界观认知的自然发展,包括英国、美国、法国、荷兰、瑞典、意大利等国。追赶型现代化是指在短期内能够打破先进国家和落后国家的差距,由国家采取自上而下、极其严格的方式进行的现代化。一些西方学者认为,西方

---

① 左凤荣. 俄罗斯:走向新型现代化之路 [M]. 北京:商务印书馆,2014:18.

模式的有序现代化是现代社会中现代化唯一的合理方案,显然这一观点在现代世界中站不住脚。例如,中国、韩国及东亚的一系列国家以自己的方式成功地克服了经济技术落后,赶上了西方发达国家,成为追赶型现代化的典范。从这个角度来看,不存在普遍适用的现代化理论。每个经历过向现代化过渡的国家都有其自身经验,都值得认真总结和研究,脱离历史背景的情况下评价任何一个现代化方案都毫无意义。只有全面分析苏联时期现代化追赶型方案的历史条件,并思考这一超级强国的产生,才能评价其社会主义现代化的成就和不足,从其不足中汲取教训,引以为戒。

俄罗斯人口学家阿·格·维什涅夫斯基（А. Г. Вишневский）就苏联时期的现代化指出,苏联的经济革命为现代化奠定了物质基础,推动了城市化快速发展,但同时苏联城市发展十分不成熟,城市化带有矛盾性,进步与退步、西向化和反西向化因素同时存在。[①] 苏联时期的执政者选择的现代化方案实际上是以工业化替代了现代化。围绕工业化方案,执政者选择了以国家为主导、以发展重工业和国防工业为核心、以赶超西方发达国家为目标的现代化之路,这种现代化道路的特点与先前的传统有一定相似之处。这种追赶模式使俄罗斯取得了不小的成就,但也付出了巨大的代价。可以说,追赶型现代化是落后国家通过政治力量整合全社会资源,实现快速现代化的一种方式。这种方式的确能够在短期内取得很大成就,但是从长远发展来看,代价过大,且难以持久。

一、加速工业化

20世纪上半叶,以重工业为主导的发展道路是苏联时期的俄罗斯快速实现现代化的一种方式。在20世纪20年代,苏联共产党展开了大

[①] Вишневский А Г. Демографическая модернизация России 1900—2000 [M]. Москва: издательство《Новая история》, 2006: 601.

讨论，就社会主义建设、工业化速度、资源积累来源及实现方式等提出了各种不同的观点，这些实质上就是社会主义现代化道路的选择问题。《斯大林文集》中写道："苏联落后于先进国家50—100年，应该在10年内赶上这一差距。"① 苏联时期追赶型现代化的首要任务是快速赶上并超过发达工业国家，斯大林指出了战争威胁是选择这一道路的重要前提，他指出保障国家的军事安全的必要性，"战争威胁是现阶段面临的最尖锐的问题""放慢速度即意味着落后，而落后就要挨打"②。

（一）"五年计划"的制定及实施

1925年12月，苏联共产党在第十四届代表大会上提出走社会主义工业化路线，文件指出："为了保障苏联经济独立性需要坚持社会主义工业化方针。"继此之后，在1926年10—11月召开的第十五届苏共代表大会上就工业化积累的速度与来源决议，最终于1927年12月通过了"国民经济五年计划决议"。第一个五年计划（1929—1933年）的制定经过了社会各界的广泛讨论，计划的制定者包括党政领导、学者、经济学家、工程师等。经过了学术论证后，第一个五年计划的优化方案于1929年在第十六届苏共代表大会上通过，其中规定了一些重要经济指标增长速度、建立大型工业企业以及形成新的生产行业的内容。在最终审议中，国家领导层通过了加速战略。

1933年1月，苏共代表大会宣布第一个五年计划在4年零3个月内完成。次年，斯大林在第十七届苏共代表大会上对第一个五年计划进行了总结，他指出："这一进步不仅是简单的量化增长，还在于国家面貌

---

① Сталин И В. О задачах хозяйственников: речь на Первой Всесоюзной конференции работников социалистической промышленности. 4 февраля 1931г［R/OL］. grachev62. narod. ru/stalin，2017-08-08.

② Сталин И В. О задачах хозяйственников: речь на Первой Всесоюзной конференции работников социалистической промышленности. 4 февраля 1931г［R/OL］. grachev62. narod. ru/stalin，2017-08-08.

和社会结构发生根本改变，彻底摒弃了中世纪的落后，从农业国一跃而成为工业国。"苏联从小农经济上升为机械化的大型农场经营，从蒙昧无知的农业国转变为有知识、有文化的文明国度，建立了机床制造、汽车工业、拖拉机制造、化工、发动机制造、飞机制造、联合收割机制造、大功率涡轮设备和发电机制造、钢铁、合金、合成橡胶生产企业等。

20世纪30年代，苏联工业产值仅次于美国，占世界第二位。五年计划的实施大大缩小了苏联与发达国家的差距。社会主义工业化基于全社会工人、农民、知识分子的忘我劳动，工业投资则主要依靠压缩国内消费来实现。1928年秋，苏联采用了粮食产品凭票供应体系，轻工业产品短缺直接影响着居民生活水平，苏联借助全面集体化从农村攫取粮食和人力资源，使农村成为加快工业化的人力和资本来源地。

借助第一个五年计划，苏联建成1500个大型现代化工业企业，奠定了重工业基础。在第二个五年计划期间，国家展开了斯达汉诺夫运动，开展社会主义竞赛，最大化地激发了劳动者热情。第三个五年计划始于1938年，但因苏德战争的爆发而中断。通过两个五年计划的实施，苏联跻身于现代化经济强国之列。

(二) 社会经济效果

苏联的加速工业化带来了轻重工业的严重失衡，尽管苏联第一个五年计划提前完成预定目标，但实际上国家收入下降了15%～20%，这是农业集体化减产导致的结果。第二个五年计划保障了物质生产部门的经济增长，该计划被认为取得了真正成功。第三个五年计划（1938—1941年）开始，国家收入增长主要依靠新地区的加入。但由于苏德战争的爆发，第三个五年计划没能完成。

社会主义工业化的一个主要结果是建立了指令性经济体系。该体系的主要特点是执政者权力高度集中、资产全部国有、自给自足、指令性计划、广泛使用强制手段。指令性体系是产生追赶型现代化的前提。并且指令性体系符合国家在经济中起决定作用的要求。美国社会学家和政治学家亨廷顿写道:"布尔什维克建立了追赶型发展的制度,利用了短短一代人的时间飞速赶上了与西方国家的差距。"在这一飞跃中,苏联建立了不同于西方国家,但可与西方现代工业相提并论的经济体系。

俄罗斯总统弗拉基米尔·普京指出,苏联在与西方对抗的情况下,形成了完全自主的工业技术基础,但大部分原创技术在封闭条件下都落后于对手,当铁幕一落下便很清楚。苏联自给自足、封闭的经济体系并不适应向后工业社会转向。[1]

二、农业集体化

农业集体化实际上是加快工业化的结果。苏联政权为了获取加快工业化所需资源,建立集体农庄,全面实现集体化。其所获农产品不仅供养了企业工人,还为工业化提供了必要的资金。1930—1932年,集体农庄产出了价值47亿普特(1普特=16.38千克)的粮食出口换汇以购买机床、技术及支付外国专家工资。苏联在农业集体化过程中消灭了富农阶级,1930—1931年,苏联农村有35.65万户富农家庭(合168万人)被流放到西伯利亚或北部地区劳动营,20万户~25万户家庭(合100万人)被遣送到城市工地中改造,还有40万户~45万户富农家庭(约200万人)被剥夺财产,被迫向边缘地带移民。为了避免再度出现富农阶级,国家采取限制租赁土地与雇佣劳动力、禁止贷款、加重私营

---

[1] Григори П. Экономический рост Российской империи (конец XIX-начало XXв.): новые подсчеты и оценки [M]. Москва: Российская политическая энциклопедия (РОССПЭН), 2003: 84-85.

经济税收等措施。①

第一个五年计划期间，自然灾害以及不当的农业政策致使农产品产量下降，这种情况下仍完成了预期目标。农业集体化消灭了农业商品经济，建立了国营农场，普遍采用指令性计划，实行严格的中央集权制。农业集体化为工业化的顺利发展输送了劳动力，提供了原料，养活了城市人口，但同时，强制集体化破坏了传统的农业生活制度，对现代农业发展的局面产生一定的不利影响。

三、未完成的现代化

为了更好地解释社会主义现代化，西方学界用了一个"准现代化"来形容为了现代化而现代化、不加限制地扩大经济实力和军事实力的过程。著名经济学家阿·阿·阿乌赞（А. А. Аузан）在思考俄罗斯现代化时得出这样的结论：历史上俄罗斯践行了两种现代化模式，即自由模式和准现代化模式，自由模式即俄国时期传统意义上的现代化，没有最终完成且低效，而具有"准现代化"特点的加速模式在短期内效果显著，但接下来会产生现代化倒退。通常，自由模式指的是社会各领域整体参与现代化的过程，但这种总体参与的现代化速度会放缓。加快模式由国家引领，克服了社会发展的惯性，但现代化进程中社会现代化的不够或缺失会不可避免地带来现代化的停滞或退步。

与西方国家的舆论自由、多党制、私有制观念不同，苏联倡导集体观念，动员全民关心政治，纵向与横向社会流动性较快。例如，城市一代移民及他们的子女的社会地位都有了较大的提升，社会制度基础不断巩固，最终建成一个高福利的社会，实现苏联社会现代化。20世纪上半叶，苏联建成了全民医疗保健体系、扫清了文盲、实现了农业机械

---

① Назарова И П, Нугайгулова А Р. Крестьянство и коллективизация в СССР（исторический аспект）[R/OL]. cyberleninka.ru, 2017-09-01.

化，这些成就对体制巩固起了重要作用。至20世纪下半叶，苏联体制走向僵化，在此期间经历了复杂而又隐蔽的社会变迁：人口教育水平快速提升，城市化基本完成，但其中隐含着先前社会体制的潜在矛盾。至20世纪80年代，苏联体制已无力适应变化了的经济和社会条件，进入缓慢发展、危机四伏的阶段。至此，加速现代化模式从20世纪30年代的快速发展期进入20世纪80年代的缓慢发展期，最后在戈尔巴乔夫时期自由化改革的催化下告终。①

现代俄罗斯重又面临着缩小落后于发达国家差距的任务。20世纪下半叶的世界历史经验表明，顺利发展的现代化几乎都在一个强有力的政权领导下完成，例如20世纪50—80年代的日本，70—90年代的韩国、泰国、马来西亚、巴西，80—90年代的中国。因而，我们认为利用自由现代化和追赶型现代化的不同优势来完成当代国家面临的任务是可行的。从国家层面来看，没有方向的努力不可能摆脱原料依赖、技术落后的弊端，也不可能建立多样化、现代化的经济。同样，没有实际竞争对象、公民不积极参与的社会也很难建成真正的现代化国家。②

四、加速模式的弊端

从现代化视角来看，20世纪初的俄国自然发展道路被一些重大事件中断，苏联时期采用了动员型模式来组织国家、管理经济，利用社会一切可开发资源加速推进以军事技术为主导的工业化，并取得了巨大成就。而在思想和政治领域，苏联和先前的发展方向相反，经济领域完全服从于严格的指令性计划。这一模式是实现工业现代化的一种加速方案。19—20世纪之交，西方学界开始研究资本主义关系和发展体系，

---

① 阿·弗·格鲁别夫，张广翔．苏联时期现代化的若干特征［J］．北方论丛，2010（3）：107-111．
② Суздарева Т Р，Федоров К В．Догоняющая модель модернизации：теоретические и историографические аспекты［A/OL］．cyberleninka.ru，2012-03-24．

在此后的第一次世界大战期间，这种动员型模式在德国已初具雏形。列宁在1917年曾指出："历史辩证法是这样的，战争加快了资本主义变成国家垄断资本主义的进程，同时加快了人类追求社会主义的目标。国家垄断资本主义完全是社会主义的物质准备，是其序曲，也是历史阶梯中的一级台阶。在这级台阶和被称为'社会主义'的台阶中间没有任何中间道路。"①

苏联经济体系的建立取决于战时该国资源动员的特殊性，随后的"路径依赖"造成了诸多问题。除了短暂的新经济政策时期，这种动员型模式成为苏联社会经济体系的基础。当国家从第一次世界大战和内战的经济崩溃中恢复过来以后，苏联领导层便确定了这种动员型模式作为国家发展的总体方针，以此来达到超越敌人军事优势的目的。从追赶型经济来看，将生产资料集中在执政者选定的方向上、对生产资料进行社会统一管理是完全合理的，这样国家可以将精力集中在一些与军工综合体相关的领域上，但这样做的同时会导致其他涉及民生的社会保障领域恶化或停滞。

加速现代化带来的另一个重要问题是执政者评估资源、资源配置的方式不当。苏联时期占主导地位的思想是社会主义利益至上，国家有计划地形成利润额度，按比例确定固定资本和流动资本，造成经济发展不再依赖更新技术、提高劳动生产率，这必然带来劳动力浪费。国家在计划中规定较低的初级资料（原料、能源和劳动力）价格，忽视了主要生产设施劳动效率、降低物质需求。因而，这种经济体系只适合存在于封闭的经济体系中，随着市场关系的开始，能源和原料在国际市场上价格被抬高。由于生产成本上升，国内购买者与国外能源和原料购买者之间存在着激烈竞争，这不利于国内企业生产。

---

① Плискович Н М. "Path dependence" и проблемы модернизации мобилизационного типа [J]. Мир России, 2016（2）：123-143.

低工资是这一经济体系的痼疾。国家力求将劳动力支出最小化,在这个体系中一部分的亏空需要由另一部分来弥补,以粮价来看,20世纪60年代初粮食提价需要由涨工资来弥补。

20世纪90年代,俄罗斯市场化改革可以通过渐进的结构性改革、发展创新技术以及提高劳动工资等相应办法来解决,但这需要大量投资和极高的商业积极性,而俄罗斯并不具备这样的条件,因而结构性转型短期内很难完成。

第三节 俄罗斯现代化的独特性

多个国家的历史经验表明,工业化进程中往往伴随着政治、经济、社会文化层面的根本变化,这是一个国家(或社会)现代化进程中的普遍特点。从传统农业社会向现代工业社会转型构成了现代化早期理论的核心,这既是工业发达国家最新发展史的重要内容,也是21世纪初发展中国家正在经历的复杂进程。现代化早期理论产生于20世纪50—60年代,经济增长、社会变革和价值观的变化出现在传统社会向现代社会的转型中。这一理论后来得到扩大,考虑了现代化和西向化的区别,增加了向现代社会转型的多种路径。正如波别列日尼科夫(И. В. Побережников)所指出的那样,现代化理论的多范式研究更加关注传统社会文化及制度层面,对这一过程中的矛盾部分、外因部分加强了研究,承认历史的偶然性、现代化的周期性、现代化变革的矛盾性以及实现现代化路径的多样性,追赶型国家的现代化转型往往带有更多的矛盾和冲突。[1]

---

[1] Бородникин Л И. Модернизации в истории России: pro et contra: концепции модернизации и модерности в контексте российских трансформации XIX‐XX вв [J]. Уральский исторический вестник, 2017, 57 (4): 6-15.

追赶并超越西方的思想并非苏联时期加速工业化的特有发明，而是俄罗斯数百年来一直面临的重要任务。无论是彼得一世时期还是当代社会，俄罗斯国内政策的主要思想都没有偏离追赶西方的逻辑，执政者们一直在努力试图缩小本国与发达国家间的差距以应对现实挑战。现代化意味着社会进步与不断更新的过程，现代化的本质是指在人口福利增长的情况下建立政治、经济、军事、科技方面的强国。

　　17—18世纪，俄国军事和经济领域的现代化按西方模式展开。尽管苏联时期现代化与俄国现代化的道路截然不同，但某些方面二者有一定的共性，如军事现代化都是二者最先关注的方向，居第二位的便是经济领域的现代化。执政者在解决某些领域的现代化问题时容易忽视其他领域。18世纪，俄国除了关注军事，还关注冶金、交通运输领域，而航天领域是20世纪下半叶苏联政府重要的发展方向。苏联时期的现代化与欧洲现代化也有相似之处，比如在工业化、城市化、男女平等、女性解放等方面，而在某些观念，如集体利益与个人自由方面，二者又大相径庭。苏联时期的现代化可归结为基于传统社会体制上技术力量的壮大与物质的进步。

　　尽管俄国和苏联时期均以不同形式宣告结束，但这两个阶段的现代化对继之而后的现代化有重要意义。俄国现代化很大程度上由大部分受过良好教育的城市上层和支持斯托雷平改革的小部分农民来推动，这些人占社会人口比重的30%~35%，这次现代化很少触动农村大部分人口，而苏联时期的现代化则覆盖了整个社会阶层，影响更加全面和深入。

一、20世纪俄罗斯现代化的周期性

　　20世纪俄罗斯现代化部分带有政治—军事色彩，没有完成建立商品、资本和劳动力市场的任务。无论是俄国还是苏联时期，20世纪俄

罗斯现代化都不同于西方，在倡导某项改革中国家发挥决定性作用，但现代化并不全面，往往是一部分领域的快速发展与另一部分领域的危机或滞后并存。俄罗斯百年现代化的另一特点在于改革往往带来深入的社会文化分裂，不仅带来社会关系的深刻变革，还影响着个体行为的发展。

俄罗斯现代化的独特性体现在历史发展中的周期性和起伏性，即自由化和反自由化、现代化和逆现代化的交替。如果说俄国现代化由彼得一世开启，那么叶卡捷琳娜二世改革则标志着现代化的快速推进，西向化打破了许多传统制度，巩固了俄罗斯与西欧间的联系。叶卡捷琳娜二世执政期间，俄国社会形成了贵族特权阶层，他们免于纳税和服兵役。他们当中形成了能够接受西方自由主义思想的社会知识分子，这意味着国家和社会发展方向的不同步。现代化的周期性明显体现在亚历山大一世迄今的社会发展中。自亚历山大一世执政以来，俄国借鉴了西方启蒙主义思想和国家制度，实行政治体系改革，奠定了从帝制向君主立宪制转变的基础，然而尼古拉一世采取搜捕异己、对社会生活各方面严格管控的措施将国家带入保守发展的轨道。下一个周期开始于19世纪60—70年代的亚历山大二世改革，他不仅解放了农奴，而且还在司法、地方自治、教育和军事方面展开了一系列改革，而之后的亚历山大三世的反改革政令又将国家拉回到了保守主义道路。

苏联时期经济现代化也带有这一周期性，长期以来苏联时期的工业通过计划杠杆和严格的中央管理制度不受世界经济周期性发展规律的影响，苏联时期的国民经济一直保持生产高速运转，并没有体现出峰值期和低谷期交替的周期性，但这一规律体现在外部经济联系和世界技术发展对苏联时期计划经济的影响上，如果说20世纪50年代前严格的计划管理抑制了经济周期性发展动态的话，那么随着市场趋势的加强，其周期性体现得愈加明显。例如，新经济政策、柯西金改革、戈尔巴乔夫改革在苏联时期的经济史中呈现出一定的规律性。①

二、20世纪俄罗斯现代化的关联性

苏联时期的现代化模式与俄国晚期资本主义关系发展特点、俄国在世界经济体系中的地位以及俄国革命等方面有一定关联。苏联时期的现代化在某些方面不同于西方模式，总体上可归结为基于传统社会体制上的技术进步和物质进步。

苏联社会与1917年前俄国村社遵循的原则间有一定的关联性。俄国的村社原则包括以下几方面：（1）集体所有制；（2）劳动权；（3）休息权（1年不少于123天）；（4）对贫穷、老人、鳏寡孤独以及陷入困难境地的人进行救助；（5）少数服从多数；（6）人人为我、我为人人的集体责任感；（7）社会事务参与权；（8）平等权；（9）当出现家庭与村社利益、传统、习俗冲突的时候，村社有权干预农民事务；（10）权责一致性。这些原则在苏联社会也具有一定的适用性。一定程度上，在社会文化与文明延续上，苏联社会对俄国时期有一定的文化继承性，人们对这些原则也更易接纳。

苏联时期现代化与俄国现代化有很多共同之处，均受社会内部需求影响，具有内源性特点，并且主要推动因素是国家和社会精英。一般来说，社会精英受过良好的教育，更加了解社会需求和国家利益，他们推动了现代化进程和方向。在现代化过程中，国家所起的决定性作用弥补了大众意见不统一，资本、教育、文化发展不够充分的问题。

俄国现代化（除了彼得一世时期）实行了体系性改革和渐进发展的战略。1860年改革中俄国政府建立了一些新机制，在西向化过程中也考虑了自身发展特点。而苏联时期现代化具有激进性，与西向化模式

---

① Абрамов Т А. Промышленность Советского Союза：плановое развитие и цикличность [J]．Общество，среда и развитие 2012（4）：54-58．

完全割裂，部分保留了传统价值观。传统力量与现代力量不断较量是俄国现代化和苏联时期现代化的共同特点，俄国时期的传统制度对现代化有负面影响，因为传统势力大多在农村，西向化和现代化力量主要在城市。苏联时期传统和现代力量共存，传统集体观念在民众中广泛存在。这些传统因素对现代化有抑制作用，但苏联时期很好地利用了这种传统思想，将这些抑制因素转变为展开现代化的动力，为实现共产主义美好理想而奋斗。苏联时期实现了现代化的多数目标，克服了许多传统家庭关系、政治关系和社会关系的弊端，社会现代化水平得到了普遍提升。后苏联时期对俄罗斯居民的社会调查显示，部分居民尽管怀念苏联时期的强大，但多数居民不愿恢复原来的苏联时期的政治体系。总的来看，苏联时期的现代化具有一定的继承性，某些方面带有保守性。与西方现代化相比，苏联时期现代化与俄国的现代化还具有一定的割裂性，这既有外部地缘政治因素的影响，又有自然资源差异、自身文化发展特点以及传统农业社会思想的影响，但总体上，20世纪俄罗斯并未脱离世界现代化的普遍规律。

三、20世纪俄罗斯现代化的矛盾性

20世纪俄罗斯现代化具有矛盾性、不成熟性或不完整性等特点，体现出周期性的左右摇摆。无论在俄国时期还是苏联时期，部分领域的快速发展伴随着其他领域的发展滞后。俄国时期的现代化尽管以革命的形式终结，但总体上可视作相对顺利的现代化。俄国时期的现代化不同于西方，军事与经济领域现代化超前，而其他领域滞后。苏联时期也不例外，经济现代化取得的非凡成就一定程度上以牺牲其他领域发展为代价，体系僵化、矛盾蓄积引发体系性危机。

（一）俄国时期的现代化

俄国社会所经历的各种变化中，现代化对社会制度及社会全体成员

产生着深远影响。这一时期的现代化可分两个阶段，第一阶段为18世纪末至19世纪初，第二阶段为19世纪初至1917年。俄国工业革命开端为19世纪30—50年代，农业社会开始向工业社会过渡，也可以将这一阶段称为现代化的预备期，国家开始借鉴西方制度、技术和文化成就，以促进工业、城市、教育、贸易、行政机制、基础设施等领域的发展，尽管成效不是很显著，但也奠定了19世纪下半叶现代化的开端。

1861年农奴制改革极大地推动了现代化进程。从这时起，尽管社会进步受到了传统势力的阻挠，国家政策出现摇摆，但现代化被广泛而深入地推进。在第二阶段，工业化、就业结构、信息传播、人口转折、国家观念等方面获得了积极发展，尤其是私有制、国家宪法及公民社会等观念形成。俄国时期国家发展体现在以下几个方面：第一，工业和市场基于竞争理念和私有制基础；第二，形成了多种自发的社会组织；第三，建立了包括议会、最高法以及相对公开的国家体系；第四，推崇工业化和城市生活方式；第五，形成了共同的国家认同和民族认同；第六，家庭向小规模、男女平等的方向发展；第七，接受变革，把公民权和政治权当作人的需要，形成了具有现代精神的个体思想；第八，除了宗教，社会繁荣和个人成功的思想是主流价值观体系。从18世纪到20世纪初，俄国开始了从传统社会向现代社会的过渡，至十月革命前，俄国社会因保留了大量的封建残余，最终被人们推翻和摒弃。俄国现代化有三方面特征：第一，持续西向化；第二，政治精英希望走欧洲发展道路；第三，各方面向欧洲发达国家看齐。

俄国时期第二阶段的现代化可称为"重大突破"，尤其在经济领域。1861—1913年，俄国经济发展速度很快，尽管仍落后于欧洲，但增速很快：52年内国家收入扩大了2.8倍，在人口自然增长方面，据

1897年人口普查，俄国人口为1.28亿，至1913年人口数量增长了4600万。[①] 自1880年开始，俄国经济增速开始高于欧洲国家的平均水平，国民生产总值每年增长3.3%，工业领域取得显著成就。1881—1913年，俄国在世界工业生产中的比重从3%增长到5%，农业发展快速。在19世纪末20世纪初，俄国已经成为快速发展的世界强国之一。在经济和人口快速增长的情况下，俄国人均生活水平得到了根本提高。第一，1859—1913年俄国日均收入增长了2.8倍，工人日均收入扩大了40%；第二，1885—1913年俄国商品生产和国内人均贸易额扩大了70%；第三，1886—1890年和1911—1913年俄国农民自用粮扩大了34%；第四，19世纪50年代农民一年的劳动天数从135天减至107天；第五，农民大规模地购买土地，1862—1910年农民购置土地2450万俄亩，支付额达9.71亿卢布，是1910年的28倍；第六，1791—1915年成年男子的人均身高增长了7.7厘米，1811—1915年成年男子的人均体重增长了7.4千克；第七，自杀人数减少，1906—1910年每10万名农民的自杀人数比1870—1874年减少了10%；第八，1904—1913年比1851—1863年平均人口寿命增加了7岁；第九，10岁及10岁以上人口的识字率从17%增长到43%；第十，人类发展指数扩大了80%，从0.171扩大到0.308（这一指标考虑了人口寿命、教育水平以及人均国民生产总值等指标）；第十一，贫富差距加大，但俄国比欧洲其他国家要低，至1917年俄国的贫富差距达到了最大化；至20世纪初，贫富差距指数（即10%富人的平均收入与10%穷人的平均收入之比）为6，低于同时期欧洲国家的指标，当时英国这一指标为50，美国为20，现代

---

① Миронов Б Н. Благосостояние населения и революции в имперской России：XVIII-начало XX века．[M]．2-е издМосква：изд-ство весь мир，2012：213, 216, 337, 372, 373, 429, 457, 529, 539, 547, 598, 609, 629, 630.

俄罗斯贫富差距指数是 100 年前的 2.5 倍。① 以上数据表明，亚历山大二世改革后，人们的生活水平提高了，并且贫富不均的水平比西方国家低很多。这种社会进步体现在社会生活的方方面面，改革后社会结构也发生了根本变化。1860 年一些特权阶层转变为一类职业群体，贵族地主转变为具有土地所有权的一类社会群体，贵族官员相当于非贵族官员，贵族及其子嗣转变为知识分子阶层，产生了贵族阶层的资产阶级化，僧侣从一种社会阶层转为一种职业群体。城市人口包括企业家、工人和知识分子，农民包括农场主和农业工人。社会阶层转为社会职业群体具有深远的意义，从法律上肃清了贵族特权阶层。1861 年农奴制废除后，农民和城市居民权利平等，贵族丧失了对农奴的控制权；1864 年司法改革后，阶层法院被废除，司法问题都在统一法院裁决；1874 年兵役制的实行取消了特权阶层和纳税阶层间的差异。社会上升空间扩大，社会从阶层化向职业化转变。

亚历山大二世改革后，俄国的政治发展也很顺利，从专制国家向君主立宪制转变。1905 年后俄国出现了政党及自发组织，社会情绪有一定的渠道向权力机关抒发。至 1917 年，俄国有九万个自发组织、几十个股票公司及行业协会。另外，1861—1914 年俄国民众的物质水平得到了提高，各阶层有了一定的政治权利，有机会获得教育，还具备了一些文化设施。现代化理论中评价社会是否顺利发展的重要标准是社会生活水平是否提高。因为俄国时期的现代化伴随着居民生活水平的提高，从这一点来说，尽管这一时期的现代化存在着阶段性危机，但总体上可称其为相对顺利的现代化。

尽管有一种观点认为君主制被推翻便意味着俄国现代化的失败，但从社会进步层面来看，这种观点站不住脚。首先，现代化顺利发展之下

---

① Миронов Б Н. Модернизация империческая и советская [J]. Вестник СПбГУ, 2018, 63 (1): 55.

爆发革命是社会规律。根据现代化理论，现代化促进了社会压力和社会矛盾的增长，现代化进行得越快越顺利，则社会压力和社会冲突便越大。俄国像其他现代化后发国家那样，加速现代化需要更大的支出与牺牲，会触动某些社会阶层利益、加大现代化的负面影响。比如社会压力上升和民族间矛盾加剧，体现为社会冲突、暴力等行为的增多，自杀、社会抗议等行为的增长。其次，人的需求与社会满足能力不符。社会在经历着变化之殇，本质上意味着进步的社会变革也带有一系列负面影响，因为这些变化破坏了先前的秩序，打破了政策的连续性，让先前的一些常规和习惯置于受怀疑或失去意义的状态。从社会启蒙角度来看，俄国现代化培养了人才，建立了学校、图书馆、大学、工业、铁路等硬件设施，这些成就对国家发展产生了很大影响。

(二) 苏联时期的现代化

这一时期的现代化实际上仍在继续着俄国现代化的目标及任务，包括大力发展工业、修建基础设施、提高居民生活水平。在电气化方面，俄国自 1887 年开始实施电气化，至 1914 年电气化投资每年增长达 20%~25%，苏联时期的大规模电气化延续了这些方向。基础设施发展是俄国现代化的第二个重要方向，苏联时期延续了这一方向：1918—1961 年苏联修建了 5.68 万千米铁路。"文化革命"中人们在最短时间内完成了扫盲。1926 年的人口普查表明，9 岁以上人口中文盲率的实际比重达到 51%，经过 7 年努力后苏联最终实现全部扫盲。

苏联时期的现代化否定了个人主义、资产阶级、私有制、自由市场等概念，集体农庄、国有企业等生产组织在本质上带有传统村社精神，集体主义具有一定的继承性。苏联时期在经济领域取得了巨大的技术进步，工业化顺利完成，家庭经济脱离了大机器生产。从技术角度看，苏联时期的工业已达到了欧洲现代化水平。人口转折已基本完成，女性从先前生育多但子女成活率过低局面中解脱出来，摒弃了传统的大家庭模式，三口之家模式得以普及，倡导男女平等，重视子女成长。卫生条件获得改善，传染病得到控制，死亡率急剧下降。社会流动性加快，城市化加快。农村社会快速向城市社会转型，更多的人倾向于城市消费文化，城市人口比重持续快速增长，至1991年俄罗斯城市人口比重已达到了74%，城市化带来社会组织形式的改变，农村中的村社关系被根除，建立了发达的社会保障体系，包括退休、医疗、女性和儿童保障服务体系等，形成了现代化的初级、中等、高等教育体系。这一时期的科技、文学、艺术取得了很高成就。

苏联时期现代化的薄弱之处在于政治现代化不够成熟，尽管政治现代化扩大了社会上升空间，吸引了更多民众参与国家管理，增添了许多新的社会精英，但社会也没有成为真正的公民社会。尽管这一时期有关集体意志、资源集中、为社会利益牺牲个体利益的思想都产生了不错的社会效应，但追赶模式带来的种种弊端积重难返，消耗了人们对集体主义的热情。同时，苏联时期的现代化模式在个人、家庭、社会和国家之间产生了新的不对称性，基于男女平等关系上的小家庭形成了经济合理、高效的社会单位，这与集体所有、集中管理、有限的个人自由等特点共存，至20世纪80年代中期，社会经济危机已酝酿成熟，最终以一种和平方式的政治改革而结束，但在其深度上等同于一场革命。改革应调节国家体系间的矛盾，但苏联时期的社会始终没有达到新的均衡。

第二章

城市精神、城市化理论及俄罗斯城乡社会关系

尽管近年来俄罗斯学界对社会现代化的问题谈及不多，但这一题目颇为重要，因为现代化改革的成败实质上决定着国家的未来发展。2014年因乌克兰问题，俄罗斯社会反西方的情绪上涨。据"列瓦达中心"数据，当问及"你希望看到俄罗斯什么样子"的问题时，60%的人选择"繁荣"，56%的人选择"强大"，这意味着人们不只希望俄罗斯成为强国，还希望俄罗斯经济发达，能够提升公民的生活条件，这些也是现代化的标准。这次调查结果比先前支持西方自由改革的人所占比重高15%～20%。同时，40%的被调查者希望俄罗斯像西方发达国家那样，27%的人希望像苏联时期那样，还有15%的人认为维持现状就好。44%的人把"强国"与军事优势、核导弹联系到一起，60%的人认为现代化国家更多的是指公民拥有高福利水平以及国家拥有强大的经济实力、雄厚的工业潜力等内容。这些调查数据表明，俄罗斯社会现代化的概念、实质和实现形式并不确定。

回顾俄罗斯近150年的发展，其虽曾多次具备现代化的条件，但每次起步后都中途止步，甚至出现现代化倒退或社会中形势恶化的局面。民主、法治、市场经济等社会现代化要素难以在俄罗斯社会中形成与建立，主要原因并不在于俄罗斯社会独特的文化传统或精神，而在于一定

程度上其权力组织模式和官僚社会体系阻碍社会现代化进程。①

城市化是现代化的主要内容，该进程意味着从农村社会向城市社会的转变。城市化伴随着一个国家或地区社会生产力发展、科学技术进步以及产业结构调整，以农业为主的传统乡村型社会向以工业和服务业为主的现代城市社会转变的综合过程。这一过程不仅指城市人口占总人口的比重变化，还包括居民城市环境、职业结构、地理分布、人们生活方式与精神文明的变化。

第一节　城市精神的内涵

在词源学中，"城市化"一词源于拉丁语"urbanus"，意思是"城市的"；在常用语词典中，19世纪下半叶该词汇开始被使用，意思是"行为方式的转变"。最初，"城市化"一词的意思是"做事有礼貌""某人或某物发生改变"，更确切的意思是指"有关城市环境和城市文化的改变"，这一词义至今仍保留在"城市化"的词义中，因为城市化被视作"变化的过程"。后来这一词义得到扩展，指的是城市和乡村两种不同生活环境间的相互关系，城市化反映了城乡关系以及农村生活方式向城市生活方式的转变。传统社会中城乡生活方式的差距不十分明显，在城市化开始阶段二者间差距开始变大，城市开始了新的运行法则，而农村仍保留着传统价值观。从城乡二元论角度来看，城市化很大程度上在于社会不同子系统发生的变化不同步，先是生存环境发生改

---

① Гудков Л Д. Абортивная модернизация [M]. Москва: Российская политическая энциклопедия，2011：630.

变，而后是居民的生活方式和生活观念发生变化。①

一、城市化的定义与形式

"城市化"指的是城市数量增长及与城市发展相关的各种复杂过程，但这一概念在学术界尚无明确定论。城市化意味着与城市相关的各种现象变化，无论是城建过程还是城市化伴生现象，都被纳入城市化概念中。近年来学术界从理论层面更加全面地阐述了城市化的实质，明确了城市化的特点及表现形式，不仅包括人口学，还包括地理学、历史学、经济学、社会学等视角下的内容。随着时代的进步，学界逐渐从多角度出发加强了对城市化现象的研究。

首先，狭义上的城市化指的是城市数量和城市人口的不断增长。而广义上的城市化是指社会劳动分工带来工业、交通以及非农产业的加快发展，城市化作为世界统一历史进程，与城乡社会的经济变革相关联的过程。这一现代化的亚进程伴随着城市数量的增长、城市物质基础的扩大、城市公用设施及服务产业的快速发展、城市观念在农业居民点普及等多方面内容。19世纪农村人口开始向城市集中，至20世纪这一过程更加明显。自20世纪中期以后，世界各国在不同程度上都开始了城市化，发达国家在20世纪70年代达到顶峰，在西欧和美国，城市人口在总人口中的比重达到了75%，而在发展中国家城市化则刚刚开始。现代社会的城市化不仅体现在人口向大城市集中，还体现在城市不断联合形成城市带以及城市延绵带等更高级人口分布形式的过程。

学界对城市化的系统研究始于20世纪50年代，最初这一领域具有跨学科的性质，是社会学、人口学、经济学、历史学的共同研究对象，

---

① Мазур Л Н. Российская деревня в условиях урбанизации: региональное измерение（вторая половина XIX – XX в.）[M]. Екатеринбург: Издательство Уральского университета, 2012: 472.

每个学科都形成了一套城市化定义与分期。随着时间的推移,城市化内涵扩大到了社会生产各领域,囊括人口布局的各种形式、城市生活观念向农业地区扩散等方面。城市和农业居民点联系紧密,周边地区与中心城市间有一种向心力,城市向周边地区有一种辐射作用。广义上来说,城市化是一个包罗万象的全球化过程。

二、城市化的特点与实质

城市化是一个多维统一的过程。确切地说,城市化在时间和空间上的发展可能并不一致,它并不局限于城市物质环境的改善,还涉及社会生活的方方面面。俄罗斯的两位城市化学者伊·玛·玛耶尔戈伊斯(И. М. Маергойз)和格·米·拉波(Г. М. Лаппо)这样定义"城市化环境":大城市和城市带是城市化的结果,这两种人口分布形式是城市发展的主要载体和舞台,供人们生产、生活以及从事其他方面的活动,除此,城市化还包括城市观念向社会生产和各种人口定居形式的扩散、城市作用不断扩大的过程。

城市化的表现形式和主要特点表明,城市化是社会发展的客观规律,具有自身独特性。城市化作为与生产力增长相关的现象,通常来说具有进步意义。然而在社会主义制度出现之前,城市化的产生加剧了社会阶层间的矛盾,这往往也是一个自发的过程。在社会主义制度产生前,国家为了消除或减少城市化的负面影响,有意识地协调这一进程。而在社会主义制度下的城市化过程中,国家通常起决定性的作用。城市化对社会产生的重要影响在于城市网格化分布、新城市居民点的建立以及城市数量的不断增长。城市对周边地区的影响直接取决于城市规模以及城市的社会经济潜力。大城市和城市带是新地区经济开发的重要支撑,是形成经济区的核心力量。城市布局构成了国家社会经济发展的地理框架,城建基础的加强、城市网格化对社会生活产生着各种影响。

城市化的产生基于两个相互影响的社会经济进程，首先是城市自身发展的过程。随着城市作用不断加强，城市发展需要大量劳动力。其次，随着技术发展，农业经济不断解放出过剩的劳动力，农业人口减少。如果城市对劳动力的需求恰好与农业经济中解放出来的劳动力数量相符，则城市化对社会经济发展起进步作用，然而一旦不匹配，则社会经济结构就会受到严重破坏。因而，资本主义发展阶段中普遍存在危机现象，城市失业率增加，农业人口向城市移民，危机加剧。

　　基于此，不同社会制度下一些国家或地区的城市化通常具有自身特点。部分学者提出了以下三种在普遍意义上的城市化的亚类型：第一，工业化模式的城市化；第二，综合模式的城市化；第三，伪城市化。伪城市化指的是城市人口增长速度与城市经济基础发展规模不符。为了理解城市化本质，我们不仅应理解城市化的基本理论，而且还要研究城市发展的地理变化，即城市居民点地理结构的变化、城市定居形式的普及、不同类型城市影响力的扩大、城市化环境的扩展。城市化状况可从以下几方面来衡量：城市居民点类型的数量比例、城市居民点的规模变化、城市和周边地区的联系等。城市类型结构大多被理解成不同规模城市之间的比例关系，其中大城市在城市总量中的比重尤其重要。城市化的进步包括城市人口规模的扩大、大城市和超大城市人口的快速增长、城市布局的总体发展、从不成熟城市体系向成熟体系发展。城市间生产、劳动、文化和日常生活的联系加强，城市的社会和文化职能更加齐全，各种生活设施更加完善，城市生活理念形成，城市基础设施进一步发展，城市交通方式和通讯更加便利，在一些功能区的推动下城市职能更加多样化，地区的资源利用更加集中。城市和自然间的关系更加复杂化，人们对自然利用不合理的情况下，环境问题开始集中出现。

　　农村城市化一般体现在农业中的工业生产得到发展，如农业地区开始形成加工企业，农业人口的职业结构发生改变，企业中体力与脑力劳动者的比重差距变大，城乡间劳动生活条件接近，农业经济中工作时间定量化，城市生活观念广泛传播，公用服务更加全面，城市规划中建筑样式更多样，农村传统服饰更加罕见，郊区短期务工者更加普遍。农业地区向城市靠拢的这些表现意味着一些普遍趋势，另外，这些趋势也受所在国家类型及其社会经济结构的影响。发达资本主义国家的城市化水平相对较高，城市居民在总人口中的比重达到70%以上。城市结构中具有复合职能的大城市占主导地位，地理分布体系也更趋稳定，即使在一些地域广阔、开发不够的国家，比如加拿大、澳大利亚等国家，新城市的出现也并不多见。在一些人口较密集的资本主义发达国家中，城市分布已基本稳定，体现在城市人口增速下降、农村居民绝对数量不高以及农业人口向城市移民规模不太显著等。

在一些发展中国家，城市人口比重为18%~23%，但城市化水平增长很快，城市人口比重快速增长，人口主要集中在首都或一些大城市中，某些国家的大城市人口占全国总人口比重的一半以上。城市人口分布在起步阶段时，人口集中过程相对缓慢。通常大城市基础设施的增速与人口增长并不同步。在人口更趋稠密的情况下，住房、供水、交通等服务成本增加，工人和小职员经济上入不敷出，社会阶层分化。当前发达国家中有25%~33%的城市居民居住在贫民窟中。大城市吸引投资增速加快引起小城市及农村发展不足，经济停滞，缺少必要的公用设施。其中多数所谓的城市基础设施配备不完善，广阔地域下遍布着简易住宅，这通常是短期务工农民的临时住所。

从地理层面来看，城市化有各种不同的人口分布形式，城市带是众多城市和农村居民点的地域集合，其中很多城市联合成一个复杂体系，彼此间紧密联系，如劳动、生产、公共管理、文化、娱乐以及环保等各方面的关联。城市带通常是指居民点密集、城市化水平相对较高的区域。大都市连绵带比城市带的地域面积更广，居民点更加分散，通常这类区域邻近发达的城市带，人口沿交通主干线分布。中心城市通过吸收周边地区人口形成面积广阔的高度发达的城市化区域，以特大城市为中心的人口稠密区与周边邻近的大都市连绵带共生，是人口聚集程度最高的分布形式。简言之，城市化概念是与城市增长与城市发展密切相关的复杂过程，学界迄今尚未揭示其概念的实质意义。

第二节 俄罗斯城市化理论

20世纪上半叶，苏联时期发生了一些重大政治经济事件，也正是这一时期轰轰烈烈的工业化展开了；城市化伴随着农村人口向城市的大规模移民运动，进入高速发展阶段。至1991年前，苏联不断建立新城市，城市数量激增，很多农业居民点通过行政改制成为城市。以摩尔曼斯克市为例，该城市在1917年前建立，而后作为北冰洋的不冻港和具有复合职能的中心城市快速发展，一跃而成为苏联北部地区的大城市。新西伯利亚市在1903年获得城市地位，并快速成长为西伯利亚最大的城市。苏联时期完成了贝阿铁路、西伯利亚北部铁路等重要铁路干线建设，这些工程推动着苏联城市化的发展。

尽管有西方学者认为俄罗斯城市化与西方国家不同，并不是一种真正的城市化发展，而是一种"准城市化"或"伪城市化"，也否定了城市化的多样化。实际上这种观点部分反映了这种城市化的特殊性，但俄罗斯的城市化并未脱离世界城市化的普遍轨迹。俄罗斯人口学家和社会学家阿·格·维什涅夫斯基（А. Г. Вишневский）肯定了苏联时期的现代化成就，客观评价了其城市化的不足。他指出，苏联现代化道路的选择脱离不开20世纪重大政治经济事件频发的历史背景，城市化作为现代化亚进程，反映了苏联时期的现代化道路的特殊性与复杂性。苏联在短短几十年中，从一个落后的农业国变为一个工业化强国，完成了从农业社会向城市社会的过渡，跻身于发达国家之列，苏联时期现代化在经济领域取得的巨大成就不可否认。[①] 俄罗斯科学院院士维·瓦·阿列克谢耶夫（В. В. Алексеев）也批驳了学术界部分学者对这种现代化认识偏颇的地方，他认为"并非仅社会主义建设是20世纪的历史主题，对苏联的社会主义研究应置于世界现代化的大背景之下"[②]。

一、现代化进程中俄罗斯城市化内涵

20世纪俄罗斯现代化大致可分为三个阶段，首先是斯托雷平改革时期俄国的西向化，而后是苏联时期赶超型现代化，再次是经历了后苏联时期近10年的经济倒退后进入俄罗斯新型现代化。从现代化模式来看，弗·格·霍拉斯（В. Г. Холос）提出，俄罗斯现代化是一种帝国模式的现代化。他认为俄罗斯现代化可追溯到彼得一世改革时期，帝国现代化模式的特点包括：有选择地利用发达国家的成就，以资源来换取军事工业成就，采用传统手段来剥削本民族，采取专制管理，官僚体系不断庞大。他认为，苏联的现代化很大程度上保留了这些特点，其现代化模式具有保守性特点。[③]

马克思曾指出"现代化的历史就是乡村城市化的历史"。城市化作为现代化的一个重要方面，文化视角下的现代化解读对理解城市化本质有重要意义。从文化视角来看，伊·瓦·波别列日尼科夫（И. В.

[①] Вишневский А Г. Демографическая модернизация России 1900—2000 [M]. Москва：издательство Новая история，2006：608.

[②] 张广祥，高笑. 现代化、区域主义与苏联解体：阿列克谢耶夫的苏联史观 [J]. 俄罗斯学刊，2018（4）：95-111.

[③] Родионова И В. Историческая эволюция россии с позиций модернизационной парадигмы：методические рекомендации к изучению курса 《Отечественная история》 [M]. Москва：Москгос ин-т электроники и математики，2006：22.

Побережников）认为，不应把现代化片面理解为采纳西方体制和西方价值观，而应承认存在具有自身民族特色的现代化发展道路，并且现代化发展存在转折点，会产生路线上的变化，社会文化传统在其中起着正面作用。同样，维·阿·克拉西里西科夫（В. А. Красильщиков）在综合世界现代化发展道路的特点后提出，现代化的实质是社会、经济、文化和技术的革命。[1] 苏联的经济革命奠定了加快现代化的物质基础和社会基础，同时也推动了其他领域的重大革命。城市化就是这样一个重要环节，城市是重大社会变革或政治变革的动力。苏联时期的城市化具体体现了现代化进程的这些特点，推动着经济与社会的进步。

城乡对立不是作为居住形式的对立，而是社会生活组织原则的对立，从农业社会向城市社会转折以及农业人口向城市人口过渡，这一过程推动了社会进步。城市的性质部分取决于其环境的特点，城市环境是一个复杂的地理结构，硬件设施齐备，职能多样。因而，城市具有不同于农村的活动类型和生活特点。城市化的复杂性不仅体现在地理结构上，还体现在社会空间上。城市居民不同于传统农业居民，市民在行为方式、职位上升以及行为模式方面有着更加广泛的选择空间。城市居民的社会交往经常是通过市场或信息媒介来完成，其中匿名联系更多。不同于农村旧式的社会监督或农业社会对个体行为的监督，城市里有新的协调机制和精神规范维持着社会秩序，这些社会规范大多通过实践积累逐步形成。

西方学界对城市居民的个性、自我认知、对道德事件的反应等方面做了更加深入的阐述，德国社会学家与文化哲学家齐奥尔格·西美尔（Г. Зиммель）指出，"在世界思想史中，城市具有全新的价值观念""人们想要摆脱历史的桎梏，追求个性。每一位个体已经不是普遍意义上的人，而是具有自己的个性、不可复制的个体。这种理念已经构成现

---

[1] 于小琴. 俄罗斯城市化问题研究 [M]. 哈尔滨：黑龙江大学出版社，2015：10-20.

代城市社会的普遍价值观"①。城市是这样一个舞台,外部监督越来越让位于自我约束,当有人破坏社会规则时,人前的羞耻感和过错感成为城市社会空间的内部约束力量。城市社会中人们的内部约束比乡村的外部监督更加普遍和深入人心,而这种方式被理解为一种自由权。

齐奥尔格·西美尔对城市的精神内核做了解读,从个体感觉社会学入手剖析了城市与农村、大城市与小城市之间的精神生活差异。他这样论述大城市与小城市间的差异:"小城市的精神生活建立在情感和直觉基础之上,直觉往往扎根于情感的土壤中,因而小城市的社会交往更容易处于稳定和均衡状态;而大城市则不然,大城市由许多个性不同的人构成,当社会整体受到威胁、遇到外界环境大波动或者大的社会矛盾的时候,大城市的人往往凭借理智行动,这种理智是城市文明精神生活滋养下结的果实。"②

自由在城市生活是一种特殊的存在方式。它是一种广泛的个性类型,比在农村更富于创造力,城市的氛围能够让人们用一种新的、多样化的眼光来认识外部世界,这是一种不同于先前、更为复杂的社会交往体系。

随着社会的发展城市化带有了更加复杂的变量。因为城市化成为社会内部冲突的来源,尤其是城市发展速度太快、没有相关社会新规的时候,许多社会群体不理解也并不接受这些新规,只是单方面批判城市和城市生活中的负面因素。例如,19世纪末20世纪初的德国,城市人口快速增长,1890—1910年城市人口比重从36%增长到60%,8座大城市人口扩大了1.7倍,城市人口快速增长带来了很多社会问题,这些问题成为学界和政界讨论的主要议题。人们对城市的态度,尤其是对大城市

---

① Вишневский А Г. Серп и рубль: Консервативная модернизация в СССР [M]. Москва: Объединённое гуманитарное издательство, 1998: 19.
② 齐奥尔格·西美尔. 时尚的哲学 [M]. 费勇, 译. 北京: 文化艺术出版社, 2001: 224.

的态度十分矛盾。齐奥尔格·西美尔把城市作为一种新的历史价值观看待，而奥斯瓦尔德·斯宾格勒（Шпенглер）认为城市是衰落的象征，这两种对城市截然不同的态度代表了不同的思想。在奥斯瓦尔德·斯宾格勒的描绘中，城市压缩和排挤乡村，使荒野变成公园，使山岭变成观光区，城市里出现仿造的自然景观，但城市内总有隐蔽的角落来容纳乡村的残余。在城市走向没落的过程中将会滋生出一批脱离传统都市的文化新人，他们头脑聪明，没有宗教信仰，思想虚无……①

就俄罗斯对城市和市民的理解来看，早期"城市"指的是带有城墙的城堡或堡垒。在词源学中"市民"（горожане）和"公民"（гражданин）两词同义，只是发音不同。"公民"（гражданин）是斯拉夫语的高级语体，而"市民"（горожане）是日常口语体，意味着"民众团体"。表达"市民"含义的词还有"мещане"，该词义偏重"小资产者、小市民"，该词现在带有贬义色彩，但在19世纪中期前该词并不具有这一色彩，它更多指的是"做生意的人与市民"。从"市民"词汇的丰富与语义的发展来看，俄国执政者一定程度上想仿照欧洲的城市模式。俄国执政者对欧洲城市感兴趣也并非偶然，现代欧洲生活产生了欧洲的城市文化，城市经历了从中世纪向新时代的转变，在中世纪严格的等级制度下城市是社会关系新模式产生的地方，城市居民多是生意人和手工业者，他们对执政者除了承担一定的经济义务以外，人身自由不受控制：他们可以按照自己的想法组织自己的社会生活，形成行会，建立自治机构，从先前的地主那里赎买城市土地。自由是欧洲城市的主要思想，从一句俗话"城市里空气都让人感到自由"中体现出自由与城市间的关系。俄罗斯城市也试图遵循这样的发展规律，但其发展进程明显滞后于欧洲。一定程度上，彼得一世改革确定了俄罗斯城市化的特殊道路。表面

---

① 奥斯瓦尔德·斯宾格勒. 西方的没落［M］. 齐世荣，田农，译. 北京：商务印书馆，2001：145.

上，俄国模仿欧洲城市发展模式，建立城市自治体系，推动了社会进步。实际上，彼得一世的城市法律不是为了给予人们以经济自由，而是服务于统治者的利益——达到便于征税的目的。广泛借鉴西欧法律似乎使城市法向着现代化方向前进，但城市居民并没有感受到这种自由，因为城市自治机构主要担负着向城市居民征收繁重税收的责任。俄罗斯的城市发展史表明，这种自上而下的植入式改革并没有真正赋予城市居民以从事经济活动的自由。俄国试图采用一种投机的方式快速赶上欧洲，进入欧洲强国之列，苏联时期的赶超式现代化也继承了这一传统。①

二、俄罗斯城市化的适用理论

俄国文献中最早研究城市化问题的学者是维·彼·谢苗诺夫（В. П. Семёнов-Тян-Шанский）。他分析了人口分布及俄国城市的特点，在他的著作《俄欧地区的城市和农村》中，他强调俄罗斯城市本质上属于农村，算不上真正意义上的城市。作为真正意义上的城市，其重要标准之一是该城市具有发达的贸易活动和相对活跃的手工业活动，这决定了城乡生活方式的根本差异。但这一思想并未得到进一步推广，继而发生的第一次世界大战、革命、内战等重大事件中断了俄国学者对城市化问题的研究。20世纪20年代城市化问题重又回到人们的视野中，在苏联时期的社会主义建设中越来越多的城市设计师和建筑师参与到社会主义城市建设的大讨论中。至20世纪30年代，学界基本达成共识：城市被视作劳动力、经济、物质财富以及精神财富的集中之地，城市是国家管理的重要对象；在社会主义建设条件下，人口布局的转变不仅包括现有城市的壮大，还包括农业居民点转变为城市的过程。20世纪50年代，学界开始探讨城乡人口布局问题，城市化已成为影响居民社会生活

---

① Кравецкий А. Плюс урбанизации всей страны: почему для российских правителей города важнее деревень [J]. Коммерсантъ Деньги, 2014（26）: 47.

的重要因素。由于国家急需制定城建规划，因而城市化研究变得极为迫切，地理学家对此做出的贡献最大。20世纪60—80年代，城市化研究者在探索更加现实的优化方案。总体上，这一时期的城市化研究体现了以下三方面观点。第一，居民点体系理论。这一理论由弗·格·达维多维奇（В. Г. Давидович）提出。他认为，在城市化转折中，居民点分布的变化带来人口居住结构的演变，不同规模的城乡居住体系构成统一的生产联系及共同的基础设施体系。支持这一观点的学者有阿·弗·科切特科夫（А. В. Кочетков）、弗·姆·利斯金古尔特（Ф. М. Листенгурт）、阿·格·维什涅夫斯基、尤·列·皮瓦瓦罗夫（Ю. Л. Пивоваров）。第二，人口统一布局理论。20世纪60年代，地理学家们形成了另外一种理论，被称作"人口统一布局理论"。该理论由莫斯科罗曼诺索夫大学国民经济研究中心提出，巴·谢·霍列夫（Б. С. Хорев）在其著作中指出，中央政权的集中领导保障了城乡人口居民点有同等发展条件，均衡化是人口布局的方向。第三，人口布局主体架构理论。20世纪70年代产生的人口布局主体架构理论的代表学者为格·米·拉波。他将人口布局主体架构视作人口布局的稳定部分，这些主体结构包括城市以及一些大型农业居民点，它们构成统一交通轴，以此为基础形成合理的城市人口布局。普·姆·波里扬（П. М. Полян）发展了这一理论，提出了城市带、中心城市以及主城区与卫星城之间的边界。总体上，上述三种对城市化的理解都离不开人口布局规划，人口布局体系是协调城市化的主要手段。苏联人口布局总体规划由莫斯科城市建设部门基于生产力布局制定，体现了人口均衡布局的思想。

让·阿·扎伊翁夫斯科夫斯卡娅（Ж. А. Зайочковская）考虑了人口发展及城市作用划分出城市化的三个阶段：第一，传统农业社会阶段；第二，工业社会阶段；第三，后工业社会阶段。在现代城市化问题研究中，这一划分是理解城市化机制的重要理论。吉布斯于1963年提出了城市发展五阶段理论,在第一阶段,农业地区城市增长滞后;在第二阶段,农村增长减缓,城市增长加速;在第三阶段,城市人口外流,居民减少;在第四阶段,城市人口向大城市集中,小城市人口减少,人口集中;在第五阶段,人口分散,小城市人口重又开始增长。吉布斯指出,各国及各地区的城市发展不同步是一种常态。对于苏联时期的城市,这一理论并不完全适用,因为苏联时期的城市与欧洲城市不同,受到了战争、政治清洗等更多外在因素的干扰,在经历了20世纪上半叶城市数量"爆炸"式增长后,进入到缓慢增长阶段。在回归到正常发展阶段后,这一理论对后苏联时期的俄罗斯城市发展有更多适用性。

城市发展不同阶段的分类标准采用了净移民以及大、中、小三类城市的动态指数,不同国家对大、中、小三类城市的划分标准不同。在法国,乔治·菲尔丁把具有1万~10万人口规模的城市算作中等城市,对于发展中国家,5万~40万人口的城市为中等城市。城市发展六个阶段可分为城市化、两极扩散、逆城市化三个周期。任意一对曲线交叉构成城市化各个阶段的分界。第一阶段为大城市发展起步阶段。在这一阶段大城市人口快速增长,人口增长来源于中、小城市。第二阶段为大城市发展成熟期。在这一阶段大城市人口增长与小城市人口流失达到最大化,中等城市开始增长。第三阶段为两极分化期。在这一阶段中等城市增长领先,大城市吸引力快速下降,而小城市吸引力上升。第四阶段为中等城市发展成熟期。在这一阶段小城市快速发展,大城市人口增长开始出现消极趋势。第五阶段为逆城市化时期。在这一阶段小城市增长且人口增速最快,中等城市丧失其吸引力,大城市接近最低点。第六阶段则是城市发展大循环的最后阶段,中等城市增长滞后于大、小城市。此后,曲线重新回到最初的大、中、小城市的起点,尽管随着时间发展,曲线图会沿着两个轴收紧:按时间轴收紧,阶段变短,周期加快;按纵向轴收紧,曲线幅度减小。继第六阶段以后的新一轮城市化已经不是第一阶段之前的城市化了。人口流动以及周期性移民的频繁人口更替与居民点的稳定层级体系结合在一起。

现实中的城市化没有如此明确的分层，但理论学家们认为，不排除不可抗力因素，城市化体现着主要趋势的更替。动荡时期人口分布格外分散，表面上人口布局向下一个阶段演变，实际上却在经历着原地踏步或退步。苏联解体之初，俄罗斯城市人口向农村逆流就意味着城市化的退步。

区域学对城市化研究做出了重要贡献。20世纪60—80年代，彼尔姆和斯维尔德洛夫斯克两地成立了地区人口布局研究中心，探讨城市带的形成、发展以及对城市人口布局产生的影响等问题。20世纪70年代，格·弗·瓦热尼（Г. Ф. Важени）在其著作中分析了城市化背景下农村的发展。新西伯利亚的学者塔·伊·扎斯洛夫斯卡娅（Т. И. Заславская）重点研究了农村地区的城市化，奠定了新的研究方向——人口布局的社会学研究。

从20世纪50年代至21世纪初兴起了城市化史学的研究，从研究题目和特点来看，史学视角下的城市化研究可划分出以下几个阶段：1950—1970年，集中在俄联邦苏维埃社会主义共和国的城市发展史研究；1980—1990年，对城市史做出总结，主要代表有瓦·波·日罗姆斯卡娅（В. Б. Жиромская）、波·尼·米罗诺夫（Б. Н. Миронов）、巴·格·雷基昂斯基（П. Г. Рындзюнский）、阿·斯·谢尼亚夫斯基（А. С. Сенявский）；自21世纪初至现在，从城市史研究到城市化研究的主要代表人物为阿·斯·谢尼亚夫斯基、奥·列·列伊波维奇（О. Л. Лейбович）。阿·斯·谢尼亚夫斯基的著作从史学角度研究了城市化，指出了城市化是俄罗斯社会现代化的重要组成部分。

20世纪60—80年代的城市化研究对俄联邦苏维埃社会主义共和国及各地区的社会经济发展有着更加重要的地理意义。这一时期完成了农业社会向城市社会的转型，确定了社会人口结构、社会文化及科学研究的主要发展趋势。这一时期苏联计划经济模式对城市化理论研究有更迫切的需求，并且还有一些持自由派思想的执政者促进了对这一学术问题的广泛研究。20世纪70年代城市化研究的学者有尤·阿·布日里亚斯基（Бжилянский Ю. А）、尤·谢·皮沃瓦罗夫、巴·谢·霍列夫、格·米·拉波。他们从人口变化角度研究社会主义城市化理论中的城市人口的发展。20世纪80年代许多人口学家关注城市化研究。20世纪90年代人口学研究开始进入新阶段，城市与城市居民成为分析社会文化生活的主要内容，主要学者包括叶·米·安德烈耶夫（Андреев Е. М）、列·叶·达尔斯基（Дарский Л. Е）、阿·格·维什涅夫斯基、让·阿·扎伊翁奇科夫斯卡娅、阿·斯·谢尼亚夫斯基、弗·阿·巴利索夫（Борисов В. А）、德·拉·马斯科维尼（Московин Д. Л）等。[①]

尽管当前存在着不同视域下的城市化分析理论，但目前尚未出现对城市化以及城市化产生原因的普遍适用理论。新经济地理学强调从市场条件描述城市的形成，因为市场条件决定着人口聚散和商业区域的发展。城市发展阶段理论关注的是城市的地理布局与人口的城乡流动。鉴于此，我们试图从较长的历史周期、多个观察视角来分析俄罗斯城市化的规律性和特殊性。

第三节 俄罗斯城乡社会关系

从发达国家的现代化经验来看，发展创新经济是转向后工业社会的

[①] Кузнецов Я А. Факторы, тенденции и особенности урбанизации в Сибири в 1970—1980-е годов [J]. Исторические исследования в Сибири: проблемы и перспективы, 2010: 222-227.

主要内容。一些国家在世界现代化进程中处于领先地位，还有一些国家仅完成了经济领域的现代化。当前一种主流观点认为，现代化水平差异主要取决于国家发展和文明差异。[①]

21世纪俄罗斯的现代化既受外部因素的作用，又保持着内部聚合力。自20世纪下半叶开始，俄罗斯城市化与逆城市化同时存在，西部、中部和东部地区的城市发展处于不同阶段，既保持着农业地区、小城市向大城市广泛集中的趋势，又在城市化发展成熟地区出现了逆城市化趋势。

一、城市与乡村间的关系

17世纪至20世纪，俄罗斯社会经历了巨大的变化。在彼得一世改革之前，俄国基本上是农业社会，城市和乡村是一个统一的经济、社会与文化空间。彼得一世改革对俄国社会生活的各方面都产生了重要影响，其中尤为重要的是对城市物质文化、国家机构和政治制度的深远影响，这次改革推动并加速了城乡分化的自然进程。1777—1785年城市和农村有了行政意义上的划分，而后历经半个世纪，城乡经济开始分离，至19世纪中叶，城乡差异达到最大化。19世纪60年代农奴制改革带来城乡间联系的扩大，随着进一步的产业化，城乡间的依赖关系进一步加强。城市先前的物质文化和精神文化部分成为乡村居民竞相模仿的内容，为城乡逐渐融合为统一的经济和文化空间奠定了基础，然而这并非基于18世纪前的城乡社会传统，而是基于产业化和城乡间的相互需要。

苏联时期城乡融合过程仍在持续，但差距一直存在，并没有最终完成。因此，农村与城市并非对立关系，农村发展落后于城市一代人或几代人，城市在人力和物力资源方面依赖于农村。长期以来，城市剥削、

---

① Ясин Е Г. Модернизация и общество [J]. Вопросы экономики, 2007 (5): 4-29.

消耗农村的资源,导致农村发展不畅。因而,俄罗斯农村的复兴有赖于包括城市在内的整个社会的进步,城市居民季节性向别墅移民也印证了城乡间的关系:二者相互依存,没有繁荣的乡村便没有繁荣的城市,反之亦然。

苏联解体后,俄罗斯进入市场化、自由化和加快私有化阶段,这些措施重创了经济,对城乡发展和相互关系也产生了一系列后果:农业生产作为国家经济的重要部门受到严重破坏,城市和农村中的大部分人口陷入赤贫,传统的城乡一体化进程受到影响,现有问题加剧、新的问题衍生。在俄罗斯经济转型以来的10年中,城市和农村处于经济崩溃边缘,产业结构多样化的大城市显现出自身优势,毗邻农业地区的中小城市和村镇变得更加艰难,这使城乡融合更加艰难。

二、城市与乡村间移民

根据城市化阶段理论,城市化各阶段的特点不仅体现在居民数量差异上,还包括大、中、小城市和农村移民数量的变化。在城市化的初级阶段,大城市增长依靠小城市人口补给;在城市化的后期阶段,中等城市吸引力最强,小城市吸引力也有一定增长。农业地区和小城市吸引力增强是逆城市化开启的标志。苏联时期的城市化带有激进性特点,尤其是莫斯科和圣彼得堡这两座具有首都地位的超级大城市,其中莫斯科人口增长数量是圣彼得堡的2.3倍,是其他大城市人口增长数量的8~10倍。从人口分布来看,俄罗斯城市化的主要特点是人口过度集中、稀疏的城市网格化布局以及广阔的边缘地区、萧条的人口趋势。

俄罗斯城市化在接近两极分化阶段时因气候特点、社会传统、经济差异而呈现出多样化特点,20世纪90年代,受经济危机影响部分城市居民返回农村生活,21世纪初随着国家经济状况的好转,他们又返回城市。西方国家的次城市化和逆城市化趋势在俄罗斯体现得并不明显,俄罗斯大城市居民热衷于夏季回农村别墅度假,其主要目的是劳动和休息,这也体现出俄城市化的农业根源性。

(一)季节性劳动移民

自20世纪下半叶起,苏联社会贫富差距加大,社会经济空间趋向贫富分化。提高农村和小城市生活水平的路径之一是去大城市务工。季节性劳动移民的主要动机在于以下四方面。第一,中小城市和农村的劳动力岗位不足。贫富分化存在这样的规律:城市越小,人口萧条的可能性越大。2010—2013年,俄罗斯近2/3的小城市及近1/5的中等城市被列为萧条城市。农业地区也开始向两极化发展,大城市周边在大型农业企业的引领下已开始了农场化经营,一些深受危机困扰的偏远农村田地荒芜、农场倒闭。第二,大城市、郊区以及偏远农村的工资差异显著。农业经济的工资水平显著滞后于全俄平均收入水平,20世纪80年代农业经济的工资水平是全俄平均水平的一半。第三,萧条地区的小企业发展举步维艰。除了税收、官僚主义、基础设施不足等制度性壁垒,本地劳动力外流等因素也困扰着小企业的发展。人口老龄化以及资金短缺导致个体辅助经济减少、购买需求下降,地区发展前景更加恶化。第四,"空闲陷阱"。为了充分利用空闲时间,务工者往往愿意去大城市务工或者在家里从事辅助经济以贴补收入。据调查,2012—2013年这类往返于大城市和所在地区的务工者有200万~300万人。另据社会学家尤·米·普柳斯宁(Ю. М. Плюснин)的调查数据,务工者人数更为庞大,已达到1500万~2000万人。[①] 俄罗斯学界对该问题的普遍观点为,农业地区男性劳动年龄人口利用空闲时间定期在城里务工的比重浮动在当地人口数量的5%~30%,这一比重主要取决于大城市的交通便利程度以

---

① Нефедова Т Г, Покровский Н Е, Трейвиш А И. Урбанизация, дезурбанизация и сельско-городские сообщества в условиях роста горизонтальной мобильности [J]. Социальные исследования. 2015 (12): 60-69.

及工作机遇状况等。

(二) 城市与别墅间移民

别墅是俄罗斯城市居民居住的生活特色。俄罗斯大城市中居民的离心运动多带有季节性，并且俄式别墅也与西方明显不同。首先，郊外基础设施建设不完备，如果把别墅作为常年居住的地点来看别墅的配备设施也严重不足。俄罗斯的别墅有深厚的历史根源，俄国时期城市里的波雅尔大公和王室贵族都拥有郊外别墅，十月革命前别墅意味着郊外休息的地方。20世纪20年代，苏联时期的特权阶层免费享有国家提供的郊外别墅。直至20世纪末，郊外别墅不再是上层阶级或特权阶层的专利，而是成为普通居民夏季从事农业劳动、获取果蔬等农产品的重要场域。从城市居民郊外别墅的稳定性来看，俄罗斯人对别墅的钟爱稳居世界榜首。据统计，俄罗斯半数以上城市居民拥有别墅，持有两套或三套别墅的家庭十分普遍，别墅能够提供给城市居民蔬菜和水果，形成自给自足的非正式经济。别墅是俄罗斯特有的社会现象，城市居民向农村别墅季节性流动的现象很大程度上不同于发达国家的逆城市化，他们有自己的文化传统。

从别墅类型来看，俄罗斯别墅可分为传统型、花园型、菜园型、农村木屋及板棚、富人别墅，其中传统型和花园型的别墅更加普遍。传统别墅是最古老的一种类型，通常位于首都地位的大城市周边。20世纪50—60年代，这种别墅由政府兴建，大多为两层木屋式结构，占地12俄亩~20俄亩。莫斯科和圣彼得堡周边有这样一些国有别墅，私有化后这些别墅被保留了一部分以供政府高官度假休息。花园型别墅兴起于卫国战争后，在城市居民中更加普及，集农作与休息的功能于一身。据统计，20世纪50年代4万户家庭拥有这种别墅，20世纪70年代拥有人数达300万，20世纪90年代初为850万，至2000年为1400万，别墅拥有者人数占城市人口的40%。菜园别墅不同于上述两种别墅类型，这种别墅建在一些不知名的小城市或城镇周边，主要是为了满足城市居民对果蔬的需求。20世纪90年代新《土地法》颁布后，许多园艺合作社被划成很多地块，被人们称作"集体花园和个人花园"，这类地块大约有8万个，其中7.3万个为花园别墅，5500个为菜园式别墅，1000个为传统别墅。通常，莫斯科周边别墅为花园别墅，弗拉基米尔州的别墅半数以上为菜园别墅，种植土豆、蔬菜等农作物，弗拉基米尔州再向南菜园别墅占到70%~80%。后苏联时期，土地私有化后，人们开始购买农村木屋和土地，大城市周边的土地和木屋价格迅速增长，而偏远地区的木屋几乎没有什么商业价值。随着社会贫富分化加剧，别墅的传统功能也在不断强化，出现了供各种收入群体使用的休闲别墅。豪华别墅大多为城堡型外观，特色鲜明，与周围环境对比鲜明。苏联解体初期，俄罗斯新贵的豪华别墅以其独特的外观独树一帜，这种建筑用高高的围栏与周边隔离，似乎在昭示别墅主人的身份与众不同。

根据别墅距离城市中心的远近，可分为近郊别墅、中程别墅以及远郊别墅。邻近莫斯科、圣彼得堡和其他大城市的别墅以其独特的建筑风格而闻名，从城堡到木屋，高高的围栏隔离了外界的喧嚣，让在此度假的人心理上得到了放松和欢愉。从面积上看，花园别墅更大，传统别墅的条件较为简陋。这类建筑形成广阔空间下低矮住宅零散分布的城镇化景象，城市居民一般选择夏季或休息日来这里休闲度假。移民的到来不仅带来了人口流动，还带来了资本流动。据2014年7月份的调查，距莫斯科外环20千米的范围内，木屋的入住率高达70%，砖石建筑的入住率达50%。莫斯科城市居民在莫斯科州共拥有300万套别墅，夏季莫斯科郊区人口增长60%。中程别墅指的是距离中心城市250千米~300千米、大约需要3小时车程的别墅，这类别墅位于大城市周边，大多为别墅主人自建的带花园木屋，或从当地居民购买的房屋。沿伏尔加河、奥卡河两侧零散分布着一些木屋建筑，距莫斯科越远，花园式别墅越少，城市居民继承或购买的木屋建筑越多。夏季很多居民来到莫斯科郊区度假，这里的人口得以成倍增加。远郊别墅通常是指距离首都300千米~700千米的别墅，别墅主人多为莫斯科和圣彼得堡的居民。在莫斯科以北或在其东北方的非黑土区有很多这种别墅，这些地区处于深重的危机之中，因为农业人口因耕地减少而不断递减，来这类别墅休闲的人一般多为中老年人口，收入中等，属于知识分子阶层，他们一般在这里生活的时间较长。除了季节性流动，他们彼此依赖，希望远离大城市的压力。对那些上岁数的人来说，远郊别墅更具吸引力，他们往往带着自己的孙辈一起来到这里，共同享受大自然的美好。

城镇的发展一般受居民消费等因素带动，例如居民生活水平提高、升职加薪等，一部分务工移民选择留在大城市，城镇的萧条、贫穷落后以及交通设施不发达等因素抑制了那些愿意来到这里度假的城市居民。人们往往向往的最佳居住环境是将城市和农村的生活结合起来，俄罗斯城市居民的别墅生活最接近于这种城乡生活方式。从小城市或农村向大城市向心流动及二者间的反向流动是相互依存的，大规模、季节性地从城市向别墅的移动带动了农村或城镇居民外出务工的进程，尽管城市人口在郊区的短期居住也会带来很少的工作岗位，但这种别墅生活往往是自给自足的，而非消费型模式。这些不同方向的人口流动延伸了城乡居民的生活内容，促进了别墅传统的巩固，形成了一种特殊的城乡共同体。

总的来说，俄罗斯人口向心力超过离心力，城市人口追求大城市生活的同时又希望回到农村别墅做短暂休息。在俄罗斯的广袤领土上，在经济因素驱动下，来自小城市与农村的人口向大城市或超大城市流动，每逢夏季大城市的人口又形成向乡村别墅的逆向流动，人口的这些聚散趋势不断影响着广阔空间下俄罗斯的人口分布。①

三、城乡社会精神内核的变化

所谓城乡社会的"精神内核"包括了居民的宗教、民族、世界观、生活方式、价值观取向、思维定式、行为模式及社会观念等多方面内容。从社会心理学角度来看，俄罗斯城乡居民的思想面貌不同于他国的城乡人口，有着自身特点。

（一）农业社会传统精神内核

俄罗斯农民的首要特点是顺应大自然规律，有着与农业活动一致的生活节奏，苏联时期加速工业化过程中，进城的农业移民在心理和文化层面并没有完成从农民到市民的蜕变。通常，俄历中不仅包含季节、时令变化，还包含对农民日常农活的描述。坚忍性是俄罗斯农民的第二个特质，俄国历史上经历了多次粮食歉收和饥荒，农民对这些灾害表现出极大的忍耐力。苏联时期的农民身上也多次体现出这种特质，如宗教性、爱国、封闭性、对村社或合作社的眷恋、依赖性或幼稚、追求平等、崇拜最高权威等一系列特点。农民思想特质更多地体现出一种混合性，对苏联时期领导人的态度某种程度上类似于对沙皇权威的认同。

俄罗斯农民的精神内核具有一定的双重性。比如，俄罗斯农民对受教育人群持尊重态度，同时他们的内心深处对知识分子还存在轻视感，与热爱劳动品质共存的还有安于环境变化的懒散。因以农耕为主业，俄罗斯农民还具有一系列的优秀品质，包括家庭稳固、集中居住、尊重劳动以及传统主义、集体主义等。玛·伊·蔑里尼科夫（Мельников М. И.）对此指出，苏联时期的农业劳动者的价值观包括四个方面：首

---

① Татьяна Нефедова Российские дачи в разном масштабе пространства и времени [J]. Демоскоп weekly. 2015（657）：1-20.

48

先是愿意与他人协作、愿意过集体生活，其次是实现自我价值，再次是劳动计划性与可控意识，最后是农业劳动的价值感。俄罗斯农民将自己视为俄罗斯社会的养育者和土地的守护者，农作是他们的主要活动，也是其生活的主要意义和目标。他们对祖国的热爱基于对土地的亲近，东正教深入到他们的日常生活、村社以及家庭关系中。他们的生活环境通常包括以下两方面：第一，自然气候条件、国家与民族的生存状态、文化与宗教因素；第二，商品货币关系的发展，如内外部市场、城市化、工业化。俄罗斯人口学家阿·格·维什涅夫斯基指出，20世纪是农村逐渐消亡的世纪，传统社会的消亡是自19世纪60年代开始的较为漫长的过程。[1] 农村现代化不是由内部因素引发，而是由外部因素——城市文明的介入引起的。现代文明下成长起来的一代人对土地的那种深深眷恋感也在慢慢消失。当农民的生活环境发生激进改变时，他们的精神面貌也会随之发生转变。

（二）城乡社会精神内核的对立与融合

从文化视角来看，18世纪的俄国出现了社会文化分裂，主要特征是上层阶级风气有别于传统社会的价值取向，彼得一世改革后俄国上流社会的精神内核也发生了质的改变。从生产组织形式来看，家庭和村社构成农业社会的基础。在历史的发展变化中，城市社会的精神内核发展并逐步取代了农业社会传统精神。城市是自身文明的产物，无地的农民辗转在城市和农村之间，在城市他们穷困潦倒，在农村他们是手工业者。俄国城市里的大部分居民具有农业社会思想，随着资本力量壮大，农业社会以传统思想为主转变为城市思想占多数，尤其在首都，这种城乡思想的差异更为明显。以当时的首都圣彼得堡为例，首都居民更向往

---

[1] Пищик В И. Особенности ментальности городской и сельской ментальности [J]. Вестник Удмуртского университета，2016，26（3）：63-73.

新奇事物、仕途升迁、奢华的物质生活、通晓外语等，城市居民在日常生活、活动交往、生活品位与农村社会有明显差异。据米尔格拉姆（Милграм С.）的社会调查，大城市里有38.5%的人与陌生人交流的方式是握手，人际交往中的距离感更强烈，而小城市里这一比重则占到66.7%。城市人际交往停留在表面化、匿名性、临时性的社会关系上。正如西梅尔解释城市人口之间的距离感所指出的，"他们反对近距离的身体接触"，城市居民对他人的隐私和社会独处权予以尊重，而外乡人与农村居民则更容易相信陌生人。城乡精神的主要区别在于生活节奏、对农业劳动的态度、集体主义认同以及对隐私的态度等。另外，城市社会具有匿名性而农村为熟人社会，城市社会分工更加专业化而农村多属于粗放式发展等，这均属于城乡社会典型差异。

苏联社会早期，无论城市还是农村都是传统精神占主导，城乡分野更加分明，因为大部分苏联人口从事农业劳动。1929—1933年，乌拉尔地区的快速集体化验证了以现代化为目的的农业变革带来了深刻的社会心理反应，不仅农业生产和劳动方式发生了激进变化，农村人口的生活方式、对世界的认知和心态、生活价值观以及自身的社会地位都发生了急剧改变，农业劳动的社会重要性下降了，排在工业生产、城市发展之后。

现代农业生产的主体多为私营经济，形成了各种形式的农业企业，包括农业银行、农业公司、农场等，农业人口逐渐丧失原来的季节性劳作的特点。从这一角度来说，现代社会中富于创新理念的城市精神逐渐占主导。此外，传统力量弱化也是农业社会向城市社会转型的重要变化。集体主义逐渐为个性化所取代，这体现在城市、街道和人的变化上，媒体彰显得更多的是普通人的故事，多样化和个性化成为城市变化的主流方向。从城乡社会的精神内涵来看，当前的俄罗斯正在经历着向城市社会的演变，除了农村生活方式向城市生活方式演变外，城乡社会中传统力量在弱化，创新和个性化精神在强化。

(三) 城乡居民价值观差异

城市规模影响着居住其中的居民的价值观，从俄罗斯的城市类型构成来看，规模不同的城市，其创新精神和社会阶层分化状况也有所不同。首先是首都及百万人口的大城市，城市社会环境更加包容，其次是各地区的中心城市，最后是中小城市及村镇。大城市公民价值观更趋向于个性化、实用主义，而小城市及村镇居民则趋向于集体主义、威权主义，这一差异还体现在价值观多样性、自由度与保守度等方面。

俄国时期起，每个具体城市中的居民都承载着所在地域的特点。以莫斯科市民为例，他们具有以下特质：（1）通常莫斯科人的特点，如"匆忙""灵活""忙碌"等；（2）精明强干类特质，包括"自负""能干""忙碌""精于算计""实用主义""有前途"等；（3）健康方面的特征，如"焦虑""紧张""好吸烟""爱挑衅""倦怠""情绪无常"等；（4）交际方面的特点，如"不善交往""封闭""不友好""冷漠""冷冰冰的""不礼貌"等；（5）对莫斯科知识分子的描述有"聪明""喜欢科学""受过教育"等；（6）在情绪方面的特征用词有"阴沉""不满"等；（7）对其个性特点的描述有"傲慢""目空一切""自尊""懒惰""自私"等。而对圣彼得堡市民的描述与莫斯科有所不同，有这样的一些用词：（1）交际方面有"善良""礼貌""善交往""友好""专注""情绪化""爱帮忙""开放""文质彬彬"等；（2）对知识分子的描述有"有学识""有文化""常去看展览""有信仰"等；（3）形容市民生活的词汇有"充满活力""缓慢有序""善于思考"等；（4）身体方面的用语包括"体态匀称""宁静""放松"；（5）个性方面的用语有"有责任感""浪漫""有创造力""像谜一样""标新立异"。

社会调查显示，圣彼得堡市民与莫斯科市民相比，物质上似乎贫穷一些，但文化素养表现得更高。2011年8月"列瓦达中心"在两大超级城市进行的社会调查显示，54%的莫斯科人认为圣彼得堡居民"有教养"，46%的莫斯科人认为圣彼得堡居民"好客"，33%的莫斯科人认为圣彼得堡居民"有涵养"。认为圣彼得堡居民"乐于助人""有优越感"的莫斯科人比重各占31%。圣彼得堡居民认为莫斯科人"傲慢"的人占比52%，认为其"理性"的占比47%，认为其"精力充沛"的占比48%。其他人认为莫斯科人"不讲情面"，冠其以"自私"（37%）、"有权力欲"（36%）、"不坦率"（32%）、"嫉妒心强"（25%）。①

至20世纪90年代，伴随着俄罗斯社会的激进转型，西方自由主义价值观促进了私有制的确立，无论在居民生活方式上，还是在其信息交流方面，居民的价值观体系都发生了巨大改变。新的社会政治现实要求人们改变自己的思维模式、价值观体系、创新意识，改变对成功、自我价值的认知。这些改变部分带来民族认同的丧失。随着经济形势恶化、社会多数群体陷入贫困、新老文化对立，俄罗斯民族文化在对立中成长并稳定下来，俄城市文明带上了多元化和碎片化的特点。

---

① Баранова В А. Городской и сельский социум：социально-психологические аспекты исследования территориально-поселенческих общностей［J］. Вестник СПбГУ，2012，12（2）：196.

第三章

史学与文明视角下俄罗斯城市化

从17世纪到20世纪初,俄国的城市化进展缓慢。城市作为地区中心,它的主要作用是巩固国家领土、保障地区安全。一些城市多以执政者或王位继承人的名字命名,如瓦西里苏尔斯克、伊万哥罗德、叶卡捷琳堡、尼古拉耶夫斯克、亚力山德罗夫卡、阿列克谢耶夫卡等;还有一些城市以沙皇攫取领土的野心而得名,如符拉迪沃斯托克(意为"占领东方")、新罗西斯克(意为"新俄罗斯")、弗拉季高加索(意为"占领高加索")等。

20世纪苏联时期,国家疆域仍在扩大,但战略重心向东侧重,苏联时期发展这些城市多半出于政治目的或战略意图。如苏联时期欧洲一系列城市,如摩尔曼斯克、阿尔汉格尔斯克、新罗西斯克、索契、北德文斯克等;亚洲部分也建立了一批新城市,如诺里尔斯克、纳霍德卡、阿穆尔共青城等;苏联时期加快了堪察加-彼得罗巴甫洛夫斯克、布拉戈维申斯克、赤塔、乌兰乌德、哈巴罗夫斯克和符拉迪沃斯托克的发展,对偏远边陲地区的中心城市加大了投资,在距离边境线200多公里范围内布局了占全俄城市总量1/4还多的城市,东部边境地带城市数量的快速增长在于苏联中央对东部地区地缘政治与地缘经济的考量。

苏联时期大城市主要集中在伏尔加-乌拉尔地区,该地区将欧洲老区和新发展地区联系到一起,这里分布着全俄四分之一的大城市和一半以上的百万人口城市。苏联生产力向东推进使先前俄国东部与西部人口不均的问题得以明显缓解,苏联时期对北部地区的开发耗资巨大,由于当地生产力低下、技术水平不高,需要更多劳动力,北部经济落后地区就业人数显著高于经济发达地区,当矿区资源耗尽后,这类城市的命运也变得令人担忧,尽管有些城市作为交通枢纽曾对促进国家经济发展起过重大作用,但在后苏联时期很多产业结构单一城市走向萧条。人口布局作为各地区经济文化融合的手段和跨地区协作机制保障着政治、经济、文化和信息空间的统一。俄罗斯人口布局存在两种趋势,一种是向心趋势——周边地区人口向大城市和城市带聚拢;另一种是线型趋势——人口沿交通轴分布。美国地理学家和城市化学者哈里斯(Ч. Гаррис)将苏联称为"大城市的国家",继后的俄罗斯也继承了这样的人口布局特点:城市作为地区资源集中的有效手段,人口不断向大城市集中。在俄罗斯各类城市中,核心城市、枢纽城市起着明显的引领作用,尤其是莫斯科和圣彼得堡两座超大城市,以这两个超大城市为中心的人口稠密区在全俄稀疏的城市网下显得尤为突出。

第一节 史学视角下俄罗斯城市化

20世纪俄罗斯城市化的独特性与其社会历史进程紧密相关。俄国现代化数次被革命、战争打破,苏联时期的城市化作为工业化的副产品,具有未完成性,加速模式带来的直接后果是新城市数量激增、大量农业人口涌入城市,城市带有了农村化特点。20世纪初,俄国城市化发展缓慢,城市人口仅占人口总量的15%。苏联时期的城市化带有激进、粗放式的特点,单从城市人口比重增长来看,至20世纪60年代,苏联时期已完成城市化转折,达到欧洲国家的平均水平,从量化指标上已完成了向城市社会转型的飞跃。据统计,1922年俄联邦苏维埃加盟共和国的城市人口占总人口的比重为18%,1940年为33%,1950年为39%,1970年为76%。据1939年苏联时期的人口普查,城市家庭占苏联家庭总数的35.4%;1959年为53%,1970年为63.6%,1979年为69.6%,1989年为73.7%。①

一、城市化阶段及城市标准的演变

20世纪上半叶是苏联时期城市高速发展时期,城市人口倍增,从根本上改变了国家的人口布局,在不到半个世纪的时间内苏联就已完成了工业化和城市化,跨入城市社会和工业社会中。

(一)城市化发展阶段

苏联时期城市化分为三个阶段:第一阶段为高速发展阶段——20世纪20—50年代。这一时期工业化是城市化发展的主要动力,城市数量突飞猛进,1926—1937年城市人口比重从18%增至33%。②第二阶段为20世纪下半叶。这一阶段是战后国家工业快速恢复时期,城市化不仅体现在城市人口数量的快速增长上,还体现在大城市和城市带数量增长、城市人口生活方式向农村扩散等方面。1950—1990年俄联邦苏维埃社会主义加盟共和国境内的城市数量从877个增至1037个,城市数量和城市人口比重增长趋势一直持续到1981年,继后出现下降。由于国家着力发展大型工业企业,中等城市数量增长迅速,尤其是10万~50万人口城市数量的增长,同时郊区或农村的人口数量下降。第三阶段自20世纪90年代迄今。自1993年起俄罗斯城市数量增长停止,城市

---

① Ларин В Л. История Дальнего Востока России: общество и власть на Российском Дальнем Востоке 1960-1991 гг [J]. ИИАЭ ДВО РАН, 2016: 176.
② Численность городского населения СССР (по данным Всесоюзной переписи Marked населения 6 января 1937 г.) [EB/OL]. Демоскоп Weekly, 2015-9-21.

人口数量出现下降，1993年城市人口为1.085亿，2000年为1.061亿，1989—1997年城市人口增速仅为0.8%[1]，这一阶段为俄罗斯城市化的停滞期或危机期。20世纪俄罗斯城市化可大致划分为两个时期，第一阶段在20世纪上半叶。这一时期城市化具有粗放式特点，量化增长为城市化的总基调。第二个阶段为20世纪下半叶。这一阶段开始集约化增长，城市生活方式向周边地区扩展，城乡间的社会经济及文化差距逐渐缩小，城乡社会加速融合。人口分布也在发生改变，不再是单纯地从农村向城市移民，而是一个双向过程，即人口与核心城市的向心移动以及核心城市向周边扩散的离心过程同时进行，尤其在城市化发展较为成熟的俄欧地区这一趋势更加明显。

总体上，从制度类型对城市化的影响来看，20世纪俄罗斯城市化可分为苏联时期和后苏联时期两个阶段，苏联时期城市化的主要特点是发展迅速、行政作用突出；而后苏联时期城市化则处于停滞期或危机期。

（二）城市类型的划分标准

根据俄罗斯对城市的分类标准，100万以上人口的城市称为百万人口城市，50万~100万人口的城市为特大城市，25万~50万人口的城市为巨型城市，10万~25万人口的城市为大型城市，5万~10万人口的城市为中等城市，1.2万~5万及0.5万~1.2万人口的城市分别为小、微小城市。[2] 从19世纪中叶至19世纪末期，俄罗斯中等城市的分类标准在半个世纪内增长了3倍——从0.5万人增至2.1万人；20世纪俄罗斯中等城市标准从8.7万增至9万人，我们采用区间来表示标准浮动：

---

[1] Дементьев В С. Динамика городского населения России в 1939 - 2018 гг: историкогеографический анализ [J]. Псковский регионалогический журнал 2013-2023, 2019, 39 (3): 10-19.
[2] 王圣学. 苏联城市化的历史特点和现状及其特点 [J]. 人文地理, 1990, 5 (1): 27-33.

1897年前为0.5万~2.0万人，1897—1926年为1万~5万，1926—1959年为2万~10万。

当前俄罗斯各地区首府与地区中心基本符合大城市的人口最低标准——25万。至2000年，全俄有74个大城市、263个中等城市、755个小城市、1875个居民点。按19世纪城市规模标准，1897年俄罗斯有85个大城市、306个中等城市、430个小城市。按20世纪上半叶的标准，相应的大、中、小城市的数量分别为27个、168个、626个。

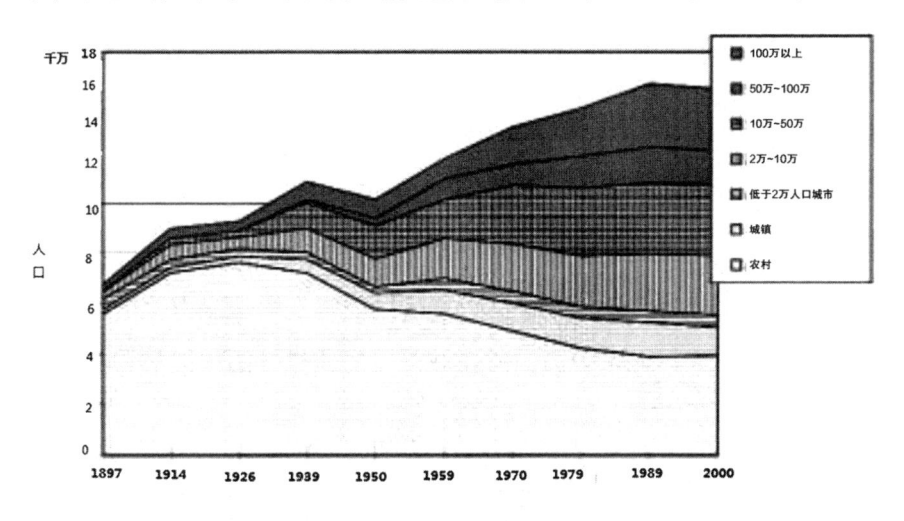

图3-1 俄罗斯城市类型体系图

资料来源：根据俄联邦统计局数据制作。http://www.gks.ru

（三）城市发展特点

俄罗斯城市化开始于19世纪末，比欧洲国家滞后一百年，苏联时期的加速工业化带来高速城市化——1929—1939年城市人口激增2500万~2800万，正如人口学家维什涅夫斯基（Вишневский А.Г.）所指出的，农村人口大量涌入城市让城市带上了农村色彩，尽管国家完成了城市化，但城市却走向了原始。① 20世纪90年代初，城市人口增长停止，这主要在于两方面因素：一方面是受人口转型的影响，城市人口老龄化，死亡率超过出生率，农村人口向城市流动的潜力枯竭；另一方面是经济危机抑制了农村人口进城务工的动机，甚至在大城市周边出现了城市人口向农村回流的现象，行政改制也促进了这一人口逆向流动趋势。

1. 城市农村化

至20世纪80年代末城市人口占全俄人口的74%，但实际上不少城市带有十分显著的农村特点，正如俄国历史学家拉波指出的，俄罗斯存在大量隐性农业城市，统计上将其列入城市，但实际上它们还不是真正意义上的城市。农村人口长期大规模向城市移民导致城市文明被淡化，到苏联解体时，多数城市人口为一代或二代农业移民。大规模农业移民涌入城市造成城市环境恶化，苏联时期城市中缺少中产阶层，社会结构单一，城市自我管理水平低，缺少社会机制的自发治理能力。尽管形式上苏联时期城市人口比重较高，但在城市化的质量方面却很落后：市民没有形成城市生活方式，城市面貌带有郊区化特点。

2. 各地区城市化水平有很大差异

这是由于各地区城市化起始时间、地区开发的定位不同造成的。俄欧部分的中心，莫斯科、圣彼得堡以及西北区的老工业区城市化水平最高，其次是自然条件恶劣、不宜农耕的北部地区和东北地区。在南部传统农业区以及相对落后的各民族共和国境内没有展开大规模工业化，这些地区城市化率保持在40%~60%，这些地区经济变得相对封闭，社会发展滞后。

---

① Вартанова М Л. Специфика урбанизации в России：ведущие факторы социального развития городской и сельской местности [J]. Вестник Академии знаний，2021，4 (45)：61-72.

3. 城市零散分布

城市在人口布局中起着重要作用，核心城市是周边地区的发展中心和服务中心，交通便利对提高人口流动性有重要作用，尤其在城市密集地区。俄欧部分分布着全俄77%的城市，城市间平均距离超过77公里，在城市化水平较高的中央区城市间平均距离为45公里，西欧城市间距则为20~30公里。在俄东部地区城市间距为225公里，西西伯利亚南部的城市间距则为114公里，而在最为偏远的远东地区则该指标为300公里。从中可以看出，俄罗斯城市带不发达，发展不充分。

城市规模下限低且间距远对社会经济发展十分不利。首先，人口的地区间流动性不高，城市带范围内定期移民流动水平不高（莫斯科除外）；其次，后苏联时期城市现代化缓慢：城市基础设施老旧，多数市民消费水平低，广阔空间下城市分布稀疏，北部、东部人口向中部、西部大规模流动。城市化潜力丧失，很多城市不适应激进的市场转型，面临消亡的厄运。

4. 特殊的市郊化

俄罗斯与发达国家相比，城市化起步更晚、人口密度更低，并且交通基础设施不发达，居民收入低，汽车使用率低，这导致市郊化发展落后。与西欧国家不同的是俄罗斯在农村的第二套住房往往不仅用作休息的住所，还为了获得实物来贴补家庭收入。正如涅菲奥多夫（Т. Г. Нефедов）所指出的，这种第二套、季节性居住的农村住所具有鲜明的农业特点属于俄罗斯的特殊传统。俄罗斯的这种市郊化不仅是先前农业移民及其子女保留下来的一种对土地的依恋心理，也有经济上的必需。这种必须取决于苏联时期粮食紧缺，20世纪90年代俄社会转型期间城市人口向市郊的流动取决于人们急剧下降的收入和获得农产品的需要。

5. 城市发展失衡

在加速工业化背景下苏联时期城市中的基础设施一直滞后。住宅建设投资和社会领域发展一直遵循"剩余"原则。地区首府获得的投资比其他城市类型相对更多，国家将大量资金用于发展有军工企业的封闭型城市。新兴工业城市和东部、北部的新开发地带社会基础设施发展十分落后，住房、学校、幼儿园、社会保障设施严重不足，尤其在北部地区，住房保障率比全俄平均水平落后30%。尤其在缺少城建企业的小城市这一问题十分突出，国家缺少资金用于住房建设和社会领域发展，这类不完全意义上的城市几乎占所有城市数量的一半，人力资源投入水平也最低。真正意义上的城市多为大城市或人口数量超过25万的城市，这类城市的数量不到俄罗斯城市总量的7%，苏联时期的平均原则对城市发展发挥了作用，而苏联解体后先前机制失灵，有利的气候条件、便利的地理位置以及俄联邦中央的特殊关注成为这些城市发展的新动力。

二、苏联时期城市化指标上的量化激增与质量落后

衡量城市化水平的指标体系主要有城市数量、城市密度、城市人口数量以及城市人口比重等一系列指标。从20世纪俄罗斯城市数量和城市人口数量的变化来看，俄罗斯城市化发展具有迅猛、快速的特点，有些学者用"城市爆炸"来形容农村人口向城市集中的迅猛；而从质量层面来看，俄罗斯城市化是加速工业化的副产品，具有发展不成熟、未完结、行政作用突出等一系列特点。

（一）量化指标的激增

20世纪上半叶苏联时期城市数量与城市人口快速增长，形成城市与人口均衡分布格局。1897年的俄国除了莫斯科和圣彼得堡两个百万人口大城市外，还有7个10万以上人口的城市，分别为萨拉托夫、喀山、罗斯托夫、乌法、图拉、阿斯特拉罕、加里宁格勒。至1939年10万以上人口城市增至52个，并且城市规模也在扩大，尤其是莫斯科和列宁格勒（现在的圣彼得堡）的人口增长迅速。此外，下诺夫哥罗德、罗斯托夫、新西伯利亚的人口也在增长。10万人口以上城市中集中了1830万人，超过全俄城市人口半数。而这仅是人口向城市集中的起步阶段，快速集中的峰值期在20世纪六七十年代，在继后的几十年中这种人口聚拢趋势一直持续；至1991年，全俄62%的城市人口集中在168个10万人口城市中。

1. 城市数量增长

20世纪30年代以及20世纪50—70年代苏联时期掀起了农村向城市移民的浪潮，大量农业移民蜂拥般涌入新、老城市。他们依然保留着农村习惯和农业传统，城市基础设施建设严重不足，城市带有了农村化特征。苏联时期城市化带上了显著的人为印迹。据俄罗斯学者让·阿·扎伊翁夫斯科夫斯卡娅（Ж. А. Зайончковская）的计算，1951—1980年农村向城市输送人口3780万，此外，还有520万农村人口通过行政改制方式转变为城市人口。昔日农民大量涌入城市，他们不适应城市的新环境和新的价值观体系，且城市生活基础设施严重不足，他们居住在简易的工棚里，与其他国家的国际化都市相比，迄今俄罗斯的城市多以低矮建筑物居多，缺少现代性，带有农村特征，城市人口沿袭着夏季到郊区别墅种菜生活的习惯。

表 3-1　1989 年与 2002 年俄罗斯不同类型城市数量的变化

单位：个

城市类型	1989年	2002年	变化(+ -)	2022年不同类型
百万人口城市	12	13	+1	莫斯科、圣彼得堡、新西伯利亚、下诺夫哥罗德、叶卡捷琳堡、萨马拉、鄂木斯克、喀山、车里雅宾斯克、顿河畔罗斯托夫、乌法、伏尔加格勒、彼尔姆

续表

城市类型	1989年	2002年	变化(+-)	2022年不同类型
50万~100万人口城市	22	20	-2	克拉斯诺亚尔斯克、萨拉托夫、沃罗涅日、陶里亚蒂、克拉斯诺达尔、乌里扬诺夫斯克、伊热夫斯克、雅罗斯拉夫尔、巴尔瑙尔、伊尔库茨克、符拉迪沃斯托克、哈巴罗夫斯克、新库兹涅茨克、奥伦堡、梁赞、奔萨、秋明、纳别列日内-切尔内、阿斯特拉罕、利佩茨克
20万~50万人口城市	44	42	-2	——
10万~25万人口城市	87	92	+5	——
5万~10万人口城市	163	163	0	——
5万人口以下城市	709	768	+59	——
总计	1037	1098	+61	

资料来源：http://www.demoscope.ru/weekly/ssp/c2002t2.php.

苏联解体后俄罗斯城市化出现倒退和停滞局面，一部分城市人口转为农村人口，1989—2002年俄罗斯百万以上人口城市由先前的12个增至13个；50万~100万人口的城市数量由原来的22个减至20个；25万~50万人口城市由先前的44个减至42个；10万~25万人口城市由原来的87个增至92个；5万~10万人口城市数量保持原来数目，仍为

163 个；5 万以下人口城市数量由 709 个增至 768 个（见表 3-1）。① 此期间，俄罗斯城市数量由 1037 个增至 1098 个，数字虽然庞大，但正像许多学者所指出的那样——作为社会文化和科学技术创新引擎的大城市数量却严重不足，这一弊端降低了俄罗斯城市化的质量水平。从量化指标来看，俄罗斯城市人口比重已达到欧洲中等发达国家水平，与美国和日本的城市化水平相差无几（美国——76%~80%，日本——77%）。试比较，2008 年美国人口数量为 3.04 亿，接近俄罗斯人口数量的 2 倍，美国人口密度为 31 人/平方公里，俄罗斯人口密度为 8.3 人/平方公里。从自然地理条件来看，俄罗斯因地域广阔、处于高纬度等因素在城建方面付出的努力更大。1991—1997 年，俄罗斯城市数量上升的同时城镇数量减少，这是因为俄罗斯 240 个城镇被行政改制为农村，人口数量近百万。新增城市中很多城市先前是城镇或农村，还有一些城市并不出现在地图上，只是所谓的地理名词，而实际上这些城市是一些带有军事机密性质的封闭行政区。俄罗斯城乡人口动态也出现新变化，城市人口比重由先前的增长转为下降，农村人口数量经历了长期下降后出现小幅回升。行政改制因素也对城市人口比重上升加快起了一定作用。

2. 城市人口比重扩大

城市人口的快速增长是贯穿 20 世纪的总基调，城市变革使城市人口数量增长了十几倍，从根本上改变了全俄人口布局。据 1897 年人口普查，俄国城市人口不到 1000 万，仅占全俄人口的 16%；至 1939 年城市人口比重占 33%；1959 年占 52%；1991 年占 74%，达到 1.098 亿，创历史峰值（见表 3-2）。

---

① Об итогах всероссийской переписи населения 2002 года [R/OL]. http://www.perepis2002.ru/index.html? id=7.

表 3-2　20 世纪各时期俄罗斯城市人口动态

年份	总人口（亿人）	城市人口（亿人）	城市人口比重
1897 *	1.282	0.201	16%
1917	0.91	0.155	17%
1939	1.084	0.363	33%
1959	1.175	0.616	52%
1979	1.376	0.954	69%
1991	1.485	1.098	74%
2000	1.459	1.065	73%

*指的是现疆域下俄国时期的人口。

资料来源：Пивоваров Ю Л. Урбанизация России в XX веке: представление и реальность. Общественные науки и современнось№6. 2001. https://ecsocman.hse.ru/data/777/303/1218/008pIWOWAROWx20x60.l.pdf.

1929 年是苏联时期俄联邦苏维埃加盟共和国城市人口动态发生转折的年份。1929—1937 年城市人口数量翻了一番，人口增长达 1800 万，之后 25 年内，城市人口数量得以再翻一番，经历了城市人口数量的激增后，城市人口增长减缓。至 20 世纪 90 年代城市人口数量由增长转为下降。在整个 20 世纪期间，俄罗斯城市人口受一战、内战、"二战"、饥荒以及 90 年代初的经济危机影响产生了很大变动，这些重大事件显著改变了国家总人口及城市人口的走势，对城市化进程产生着消极影响。据测算，这些事件导致的人口减少达 4000 万，降低了城市化的人口基数，中断了核心城市人口集中的有利趋势，影响了东部大开发，造成了城市发展中的诸多问题。不可否认的是 20 世纪是俄城市化飞速发展的阶段——在广阔领土上形成了城市分布网，尤其是俄欧地区 50 万以上人口的城市得到了充分发展，莫斯科和圣彼得堡两大超级城市吸引了大量周边卫星城的人口，城市人口比重持续增长，而后受90年代社会转型期影响城市发展出现停滞和倒退。

(二) 质量层面的滞后

20世纪初的俄国城市化水平很低，1926年苏联城市人口接近2600万，大约占总人口的18%。社会主义工业化在城市建设过程中起了重要作用，为苏联时期大规模城市化提供了前提。考量一个国家或地区的城市化水平不仅应考虑量化指标的增长，还应关注有关质量方面的内容。苏联时期人们多关注工业化、经济发展及技术更新问题，对城市居民生活很少关注。1926年随着苏联各自治共和国、自治州、自治区的建立，不少大型农业居民点变为城市，也有少数城镇降为村镇。苏联时期共有709座城市，仅有莫斯科和列宁格勒（现圣彼得堡）两座百万人口的城市；30万~50万人口的城市包括基辅、巴库、敖德萨、哈尔科夫、塔什干、顿河畔罗斯托夫等；人口不足10万的城市有31座。除了各级城市的人口规模处于各类城市标准的底线外，苏联时期城市分布也极不均衡，西伯利亚和远东只有新西伯利亚、克拉斯诺亚尔斯克、伊尔库茨克、鄂木斯克4座城市。

1. 城市就业与文化教育

形式上，苏联时期的城市居民充分就业，不存在失业，这也体现出社会主义建设的优越性，但在一些城市中也存在边缘化人口。大城市居民职业主要是工人或职员，还有一部分是商人、手工业者、自由职业者或农业劳动者。在一些工业中心城市，如顿涅茨克、伊万诺沃-沃兹涅辛斯克、特维尔、雅罗斯拉夫尔、图拉、巴库、第聂伯-彼得罗巴甫洛夫斯克等城市中工人占职业结构的绝大多数；而在斯维尔德洛夫斯克、莫斯科、顿河畔罗斯托夫、沃罗涅日等城市中，职员居主导；在敖德萨、喀山等城市中手工业者、商人居多。城市先进群体往往在工厂里从事机器大生产或从事铁路机车类工作。工人占主导的城市有喀山、奥伦堡、沃罗涅日、鄂木斯克等,手工业者在这类城市中占10%~13.7%。而在克拉斯诺达尔、阿斯特拉罕这类城市中,农业劳动者比重更高。实际上,每个城市中都有一些黑户和无业者,尤其在克拉斯诺达尔、奥伦堡、萨拉托夫、喀山、阿斯特拉罕这些城市中,并且城市越大,无业者数量越多。

苏联时期教育水平提升迅速,彻底消灭了文盲,形成了良好的文化氛围。教育水平提升促进了人们对文学的兴趣,据统计,苏联时期平均每名读者每年向莫斯科图书馆借阅6~15本书,从工会借阅的图书量人均达到20~30本书。至1937年,工业城市中人均图书年借阅量达到20~30本。据调查,1936年城市中36.7%的年轻人读报纸,2/3的年轻人有自己的藏书。《静静的顿河》是工人家庭中的普及读物,被调查者中有27.3%的人读过,25.6%的人读过普希金的《叶甫盖尼·奥涅金》,24.5%的人读过高尔基的《母亲》。电影成为最受欢迎的文化方式。1938年城市电影院的观影人次高达5.29亿,1939年观看过影片《恰巴耶夫》的人次达5000万,《彼得一世》的观影人次达2000万。20世纪20年代末收音机还很稀缺,至30年代初已是城市生活中的必备品;至"二战"前,收音机的拥有者已达到700万。自1929年起,苏联开始定时广播;1932年后,广播节目更加丰富,包含文学、戏剧、音乐、体育等节目。苏联时期城市中居民的生活方式也出现重大变化:工人的文化活动变得更加丰富,据调查,1936年比1924年的人均文化生活的时长有所减少,从每周6.7小时减至5.5小时,其中读报占1.8~2.9小时,读书占1~2.1小时,但看电影或看剧的时间从0.6小时延长至0.7小时;会面、访客、跳舞的时间量增多,从每周6.2小时增至7.6小时。城市居民的精神生活有了显著提升,但城市中文化生活的物质基础依然很薄弱。据传,20世纪30年代有一位不会读书的藏书家，他仅是为赶时髦而藏书。这种社会现象出现的原因在于农村的新移民大规模进入城市，部分移民并没有成为真正意义上的城市人口。据统计，1926—1939年苏联时期城市中73%的人口增长源自农村移民。① 农村移民不同群体适应城市生活的过程各自不同，一些人顺利地找到了自己的位置，另一些人度过了一段闲适期后，意识到知识的重要性进而去读书。第一个五年计划期间涌现出很多先进工人，他们教农村移民掌握技术，帮助他们适应城市生活。在布尔什维克党、共青团以及工会的帮助下，昔日的农民熟悉了城市的文化氛围和生活观念，尽管他们大多住在城郊或一些城中村里，但对他们来说城镇是通向大城市的第一步。只是大部分工人长期生活在城镇中，有些人甚至几年内没到过市中心，所以农村行为模式几乎没发生根本变化。

农村移民也有摒弃先前习惯、努力适应新生活的人，但他们只是习得城市生活的表象，并未真正习得城市居民的生活方式。他们追求衣着体面，追随潮流，甚至换了一个外国人名，但实质上他们仍保留着农村的生活习惯，并没有真正融入城市生活。数百万农村移民的文化发展是一个复杂而又长期的过程，他们本身对城市生活方式的适应不取决于他们离开原住地的距离，而是取决于对城市文化是否接纳。1939年苏联时期城市人口约占全国人口的1/3，莫斯科和列宁格勒（现圣彼得堡）人口几乎增长了一倍。9~49岁的城市人口识字率从先前的80.9%增至93.8%。1926—1939年苏联时期共出现了214座新城市，大部分新城市位于新开发区。新城市多处于苏联的东部和北部，这也表明加速了工业化向东和向北的推进；老城市数量也在增长，新城市的出现巩固了旧城区的经济潜力。国家对城市物质基础的投资加大，但增幅明显滞后于社会需求。因为苏联时期的住房建设和公用事业投入本着"节余"原则，

---

① факторы социокультураного развития городского населения в советском государстве 1920-1930-х годов [EB/OL]. SuperIn. ru, 2012-12-26.

即生产设施投资剩余用于社会基础设施发展。这造成城市人口严重缺乏相应的社会基本服务设施。

2. 公共服务与文化设施

20世纪20年代苏联时期的城市公用设施发展极其不充分。当时莫斯科和列宁格勒（现圣彼得堡）的小客栈平均面积在4~5平方米；在第一个五年计划期间，只有41%的城市通自来水，3.5%的城市有排污设施，仅有10个城市中具备有轨电车和公共汽车。至20年代末30年代初，社会主义城市发展问题引起苏联时期城市研究者的关注，论述"新城市""苏联城市""未来城市"等的书籍开始出现。部分人认为城建应向周边拓展，部分人希望建设高层建筑；有些人希望铺设石头甬道，还有人希望建设花园城市。纳·康·克鲁普斯卡亚（Н. К. Крупская）认为社会主义城市是世界上最好的社会组织形式，劳动者应在一周的劳动中将工业和农业劳动有机结合。持这种观点的人还有阿·维·休谢夫（А. В. Щусев）及其他一些城建师。苏联时期的城市规划设计师斯·古·斯特鲁米林（С. Г. Струмилин）强调，城市产业和农村产业相结合是社会主义城市的重要特点。新型社会主义城市应立足于社会主义革命改造，应形成一种新的社会主义文化。20世纪20年代末，莫斯科城建方向是打造花园型城市，城市中设有大型活动室。至70年代，莫斯科已消除了市中心和边缘地区房屋建筑上的显著差异，普通房屋多半是两层楼或三层楼，公园内设有舞台和绿色隔离带，劳动文化宫用白色大理石建成。城市建设整齐、有序，卢米亚采夫博物馆内设有科学院综合楼，"中国城"内建有贸易中心，麻雀山上有巨大的领袖雕像，汽车、地铁、电车、人行道将城市的每一部分都有机地联合成一个整体。城建规划中既有环城公路，还有四通八达的市内街道。城市周围有许多小城镇，如德米特罗夫、波多黎斯克、沃斯克列先斯克、兹韦尼哥罗德、博戈罗茨克、谢尔盖耶夫等城市居民点。

以斯大林格勒（伏尔加格勒）和斯大林斯克（新库兹涅茨克）的城市建设为例，城市中建设了住宿、休息设施齐全的公寓，住宅区里建有图书馆、阅览室、运动场、电影院、日光浴以及游泳池等设施。在讨论马格尼托格尔斯克市（因其冶金业发达被称作"钢铁城"）的建设时，人们对"钢铁城"的城建规划提出了16种方案，参与者有建筑师、经济学家，还有住宅和社区建设者，他们秉承"时代在前进"的口号来推动城市建设步伐，但上述规划中有很多方面脱离现实而无法落实。在工业化初期以及第一个五年计划期间，基本上没有发展城市基础设施的可能，因为城市经济的恢复滞后于国民经济的恢复，计划的决策者们更是将城市建设放到了次要位置。另外，在加速工业化驱动下，城市居民数量比先前翻了一番，但住房公用设施却完全跟不上人口的增长。苏联时期城市人口年均增幅为5.6%，而住宅面积仅扩大4.1%。1930年5月，苏共中央指出那些试图通过快速跃进就可以实现社会主义的观点是错误的，集中资源加快工业建设的做法忽视了居民文化发展需求。在一些新兴城市，如斯大林斯克、马格尼托格尔斯克、基洛夫斯克、阿穆尔共青城，这些新城市基本上没有城建基础，属于从无到有，工人们最初只能居住在帐篷、板棚和铁路车厢中。至20世纪30年代，斯大林斯克人口达4万，近1/4的人口居住在地窖里，城里只有两名医生，去澡堂洗澡对工人们来说都是一种奢侈，基本上没有学校、商店、医院。1930年9月马格尼托格尔斯克的人口达3万；1年半以后，这里的人口达10万；至1931年夏季，这里的人口达16万。工人们大多居住在临时住所里，工地领导层也并不清楚城市人口需要多少公共浴池、修鞋店、裁缝店和洗衣店，需要多少老师和校舍。最初的建设者们持乐观主义应对困难，城市人口简陋的生活设施与快速发展的高炉、电站、轧机相互交织在一起。据1935年马格尼托格尔斯克的一位城建领导亚·谢·古谢里（Я. С. Гусель）说道，"那个时期人们认为花更多精力用在社会公用设施建设上是不道德的"①。年轻的新城市的建设者们愿意为理想而奋斗，像库兹巴斯以及乌拉尔、远东的一些新城市都是依靠共青团员的无私奉献建成的。面对长期的困难环境，集体生产中出现劳动纪律涣散问题。1931年6月苏共中央委员会审议了城市经济发展问题，提出应尽快缩小城市建设与总体发展之间的差距，并在全国范围内制定了城市建设总体方向，将莫斯科作为整个苏联时期的城市建设榜样加以推广。1931年秋，苏共中央委员会主席格·康·奥尔忠尼基泽（Г. К. Орджоникидзе）调研新城市后指出，建成真正的社会主义城市需要做好住房规划、设计方案以及配套设施、文化启蒙活动等工作。进而城市建设逐渐面向住房及社会公用基础设施展开。

第二个五年计划期间，苏联时期开始了文化建设，国内共建设了702个剧院，展开公园建设，组织展览、电影放映以及巡演等活动。纪念革命历史事件、自发组织民间活动已经成为城市传统。苏联时期涌现出一大批优秀的歌剧演员和芭蕾舞演员。

3. 住房建设与交通设施

20世纪30年代苏联的住房建设进展缓慢，在马格尼托格尔斯克住宅完工比重仅占21.1%，斯大林斯克（现新库兹涅茨克）没有一项住宅交工。在第二个五年计划期间，城市建设投入比第一个五年计划更加谨慎，用于公共事业建设、住房和文化建设的资金占国民经济投入的1/4。其中莫斯科是个例外，1935年7月莫斯科城市改造总规划被批准，在第二个五年计划期间，该市增加了2680万平方米住宅，比第一个五年计划增加了530万。大部分住宅是砖石结构，临时住宅的比重大幅下降。多层建筑比重增加，1935年近1/4的楼房为四层和五层，尤其是莫斯科和列宁格勒（现圣彼得堡）计划全部建这类建筑。新房屋

---

① Сенявский А С. Урбанизационный процесс в СССР в экономическом измерении: структурные и институциональные аспекты [J]. ВТЭ, 2019（3）: 147-161.

设施齐全，3/4 的房屋都配有卫生间，多数住宅配有浴室和煤气管道。1937 年统计数据显示，城市配备自来水管道的比重占 52.8%，有排污设施的住房比重为 43.7%，有中央空调的住房比重为 18.6%，有电力照明的房屋比重为 92.5%。[①] 住房建设在卫国战争期间也没有停止，随着工业基础向东转移，斯维尔德洛夫斯克州、彼尔姆州、车里雅宾斯克州、西西伯利亚和远东的住房建设获得了积极发展。战后俄欧部分开始了重建，各领域物质基础恢复全面展开，包括建材业在内的工业化带动了大规模住房建设。

　　交通基础设施状况和国民经济发展联系紧密。一方面，生产增长、经济结构和生产力布局对运输量、运输结构有重要影响，另一方面交通运输积极促进国家经济增长和经济规模，影响社会生产效率。城市交通改善很快，第二个五年计划期间的客运量显著高于第一个五年计划。至1938 年，250 座城市中有城市交通；除公共汽车外，6 座大城市的街道上还出现了无轨电车。莫斯科的交通面貌发生了巨变，1935 年莫斯科地铁通车日被视为一个盛大的节日，地铁不再只是一种城市交通工具，它是国家城市建设成就的象征，是苏联时期的骄傲。"我们的地铁是世界上最好的地铁"——苏联时期的人们这样说。1937 年莫斯科还出现了不少出租车和载重汽车，城市更加干净和环保。1934 年苏联发明出第一辆道路清洁车，1936—1937 年俄联邦苏维埃社会主义加盟的共和国40 座城市开始实现机械化。"二战"时期俄欧地区的铁路、河运、公路遭到了巨大破坏。1946—1950 年开始了铁路河运、公路、海港的重建。战后铁路货运量翻了一番，20 世纪 50—80 年代建设了很多新铁路线，这一时期铁路网长度增加了 3.33 万公里，包括南西伯利亚铁路、南乌拉尔铁路等。这条铁路成为通往太平洋海港的第二条线路，对苏联时期的国民经济发展有重大意义。除了铁路建设，电气化火车发展也十分迅

[①] Строительство жилья в СССР [EB/OL]. https://su90.ru/crib.html.

速。1956—1980 年电车铁路线长达 4.75 万公里。①

三、20 世纪 90 年代以来城市发展的两极分化

苏联时期人口均衡布局的方针提升了东部、北部地区的城市化进程，同时也抑制了人口向大城市聚集。户口制一定程度上限制了人口流动和大城市的人口规模，这些举措尽管在一定程度上降低了大城市人口增速，但人口向大城市集中的趋势仍在持续，中小城市人口所占比重下降。以两大超级城市为例，莫斯科人口达 1050 万，圣彼得堡人口达 460 万，分别汇聚了周边地区的人口，成为俄欧地区城市带中人口最集中的城市。百万人口城市的人口从 1989 年占城市总人口的 23% 增长到 2002 年的 25.8%。10 万以上人口城市的人口占城市总人口的比重从 1989 年的 62.4% 增长到 2002 年的 64.1%。与大城市人口增长趋势相反，5 万以下人口城市的人口占城市总人口的比重从 1989 年的 27.2% 降至 2002 年的 25.5%。②

当前俄罗斯城市化停留在聚集阶段相当低的水平上，大城市带的总人口中卫星城人口仅占 30%，这一指标是美国类似指标的一半，大城市郊区建有城市居民回乡度假的农村别墅，菜园经济的繁荣对当地的经济并没有太大的拉动作用；苏联时期的部门管理制阻碍了城市化聚集度的提高，而 20 世纪 90 年代经济转型期经济下滑又限制了大城市周围卫星城的发展，抑制了城市化的聚集效应。当前俄罗斯大城市带发展刚刚起步，并未形成规模，地广人稀、经济下滑以及社会发展不畅抑制了人口

---

① Развитие железнодорожной сети, техническое перевооружение железнодорожного транспорта в СССР в 1950-1980-е годы [EB/OL]. https：//studopedia.ru/17_88097_razvitie-zheleznodorozhnoy-seti-tehnicheskoe-perevooruzhenie-zheleznodorozhnogo-transporta-v-sssr-v-e-godi.html.

② Екатерина Щ. Доля горожан, проживающих в городах с населением 100 тысяч человек и более, возросла с 62.4% в 1989 году до 65.8% в 2010 году [R/OL]. Демоскоп Weekly, 2010-10-4.

布局结构中轴和节点的形成。因此，从质量层面来看，俄罗斯城市化并没有最终完成，转型期新的经济与社会形势使城市化先前的成就半路止步。俄罗斯正在经历城市化危机，尤其在东部与北部地区，作为产业和地区发展主导的大城市数量严重不足，中、小城市职能单一，人口潜力严重不足，城市发展举步维艰，在一些极寒地带一些单一职能城市面临着消亡的厄运。尽管自2012年以来俄罗斯政府就已经开始关注东部和北部地区发展，出台了一系列新的吸引投资和巩固人口的政策，旨在促进社会基础设施建设、活跃经济、推动社会发展，但许多城市仍未能摆脱困境，加之受2020年以来疫情及新的国际形势影响，城市经济发展举步维艰。

（一）核心城市和边缘城市差距悬殊

大城市的发展潜力更加多元化，与其他类型城市相比，大城市在国家社会经济发展中起着决定性作用。莫斯科的城建速度远超其他地区首府，这预示着中心和边缘地区的差距在扩大，核心城市对其他城市没有发挥引领作用。从俄罗斯的历史传统来看，圣彼得堡应被称为俄罗斯的"第二首都"；从历史与文化视角来看，该城市发展潜力并不逊色于莫斯科，无论在科学技术潜力还是在教育潜力方面都可与莫斯科相媲美。首都级城市的下一层级是区域中心和次区域中心。近10年来，各地区的核心城市促进了本地区经济基础的巩固，促进了生产、教育、科技、管理、文化职能的发展，形成了各类产业综合体，促进了城市化进一步发展。

通常，城市规模越大，其经济结构越多样化，可供选择的劳动力岗位越多，服务业越发达。工资收入往往与城市人口规模的相关度更高一些，苏联时期10万人口以上的城市社会发展相对顺利，如表3-3所示，莫斯科、圣彼得堡以及其他一些大城市的经济水平与社会发展水平较高，而一些产业机构单一的中小城市缺少国家投资，社会基础设施不发达，住房保障、卫生保健和教育水平落后，人口外流，与农业地区的社会发展情况相仿。这类城市受经济危机的影响也更加明显。这些职能单一城市大多为人口不到 10 万的城市，这类城市占全俄城市数量的 46%。

表 3-3 莫斯科、圣彼得堡等大城市的社会经济发展指标在全俄中的比重

（单位：%）

城市	圣彼得堡	莫斯科	其他特大城市
城市人口数量	4.4	7.9	11.8
固定资本投资	3.6	16.2	7.0
有偿服务	4.3	28.6	15.2
商品零售贸易	8.2	28.7	11.1
投入使用住房面积	2.8	10.2	10.1

资料来源：Вартанова М. Л. Специфика урбанизации в России：ведущие факторы социального развития городской и сельской местности [J]. Вестник Академии знаний，2021，4（45）：63.

通常，居民失业率与城市人口规模联系密切，据调查，20 世纪 90 年代，百万人口大城市的失业率比低层级人口规模城市低很多。影响城市经济与社会发展的另一重要因素为城市行政地位。首都莫斯科的经济发展速度将其他大城市远远地甩在后面（见表 3-3）。即使在 20 世纪 90 年代经济危机最为深重的时期，莫斯科 2/3 的住房仍能售空，莫斯科人均收入高于全俄最低收入指标的 5 倍。圣彼得堡拥有 500 万人口，是仅次于莫斯科的第二大人口城市。苏联时期，这两大城市及一些封闭的军工城市发展更加顺利，这些城市的人均收入高于其他城市类型。对各地区首府来说，行政地位对居民收入的影响最大，而后是人口规模。对职能单一的城市而言，城市的经济状况不取决于人口规模，而是取决于

产业状况。

小城市经济发展举步维艰，这类城市中未能建立完善的社会基础设施，缺少综合性医院、中等教育机构和文化娱乐设施等，现在这些小城市社会领域发展更加落后，依赖国家预算和政府补贴，居民收入低。经济危机加剧了这些问题，促使这类城市走向没落。

(二) 边陲与腹地间的城市差异

苏联时期东部和北部的工业城市尽管社会基础设施发展极其落后，但外来移民数量增长很快。这类城市中居民住房和社会公用设施严重不足，但是这些城市的工资水平较高，因为北部地区的补贴远超过了商品及服务加价。20世纪90年代苏联解体后这类城市经济形势恶化：物价飞涨、居民实际工资急剧下降，城市面临生存危机。1997年极北地区和远东地区的职能单一城市中，32%的城市中人均实际工资低于全俄平均水平，1/4的城市中人均工资接近或略高于全俄平均水平，还有28%的城市中人均工资保持相对合理，超过全俄平均水平的1~2倍。[1]

收入的急剧下降伴随着失业率的快速增长，如果20世纪90年代全俄人口外流的城市占全俄城市数量一半的话，那么北部城市人口外流则达到100%，人口降幅达到25%~50%。大规模的人口外流导致这些城市人口结构老龄化，因为外流的人口大多为劳动年龄人口。退休人口保障不足及退休金不及时发放问题使达到退休标准的人口为了生存还在继续工作。人口外流带来地区住房和社会基础设施保障水平的显著提升，这掩盖了北部地区社会保障落后的问题。北部地区流失的人口主要是技术水平熟练的劳动年龄人口，这部分人口的大规模减少带来人口结构老

---

[1] Мктрчян Г В. Города востока России "поднатиском" демографического сжатия и западного дрейфа [R/OL]. Демоскоп Weekly, 2015-2-23.

龄化的加速。

(三) 职能单一与综合性城市的差异

苏联时期城市职能对社会经济发展有重要作用，优势产业城市（如燃料开采、军工产业）的社会经济发展相对更顺畅，居民收入更高。除军工业，服务业发展取决于工业企业的规模和重要性，多数依托军工企业的城市往往社会文化基础设施并不发达，居民生活水平多取决于城市主导产业。苏联解体后的10年中，城市职能对社会经济发展的作用更加明显，因为各领域经济危机的深度不同，军工业遭受重创，而后是机械制造业、纺织业、食品业受到的影响较大。体现在各领域人口低收入和高收入群体间不断扩大的差距上，贫富差距最为悬殊的领域是渔业和捕捞业，而后是通信、金融保险业，中小城市多依托单一产业，抗风险能力低，一旦企业倒闭造成整个城市陷入危机。（如图3-2所示）。

20世纪90年代面向国际市场的原料型城市处于与仅面向国内市场的城市而言相对有利的地位，尤其是燃料领域，因为这些城市已经成为全球化经济的一部分，尽管它们只是处于产业链上游边缘地位，但国际市场油价上升对这类城市发展十分利好。城市或地区发展的两极化会带来居民收入上的巨大差异以及人口地区间流动加快。2020年俄罗斯13.5%的单一职能城市中居民平均工资是最低收入的3倍，其中近1/3为油气开采中心，还有14.5%的城市居民平均工资是最低收入的1.5倍，这类城市多半是中小城市，依托于纺织、食品、机械制造企业。苏联时期封闭的军工城市占据特殊地位，城市居民享有高工资、高福利，社会基础设施发达，而到了20世纪90年代这类城市遭遇困境，大量人才流失。以核工业为例，20世纪90年代中期，核工业部下属的封闭型城市中每两个失业者中就有一位受过高等或中等教育，核工业城市变成不需要的人才库，这种情况下导致人才大量外流，苏联解体后，科学家

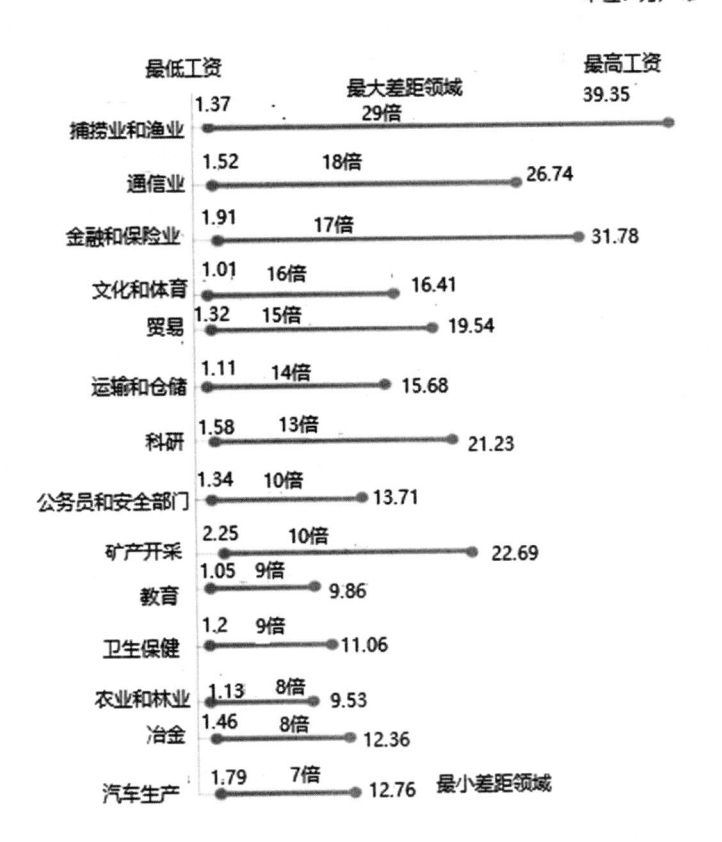

单位：万卢布

领域	最低工资	最大差距	最高工资
捕捞业和渔业	1.37	29倍	39.35
通信业	1.52	18倍	26.74
金融和保险业	1.91	17倍	31.78
文化和体育	1.01	16倍	16.41
贸易	1.32	15倍	19.54
运输和仓储	1.11	14倍	15.68
科研	1.58	13倍	21.23
公务员和安全部门	1.34	10倍	13.71
矿产开采	2.25	10倍	22.69
教育	1.05	9倍	9.86
卫生保健	1.2	9倍	11.06
农业和林业	1.13	8倍	9.53
冶金	1.46	8倍	12.36
汽车生产	1.79	7倍（最小差距领域）	12.76

图 3-2　20 世纪 90 年代俄罗斯各领域劳动者的收入差距（单位：卢布）

资料来源：Вартанова М Л. Специфика урбанизации в России: ведущие факторы социального развития городской и сельской местности [J]. Вестник Академии знаний. 2021, 4 (45): 61-72.

大规模离开俄罗斯，移居国外，据估算人才流失的数量在 20 万~80 万之间，其中包括不少数学家和物理学家。[1] 这类城市走出转型困境主要

---

[1] Валерия Б. Утечка мозгов 90-е технические сожности: к: как и почему России приходится догонять мировых лидеров в квантовых технологиях [EB/OL]. Ритм машиностроения, 2022-8-19.

有两条路径：面向出口或适应市场条件。部分核工业城市转产面向出口，如精炼铀的生产或被西方国家用来储存核废料，这样可以保留一些技术人员及其工作岗位。但这类城市生存下来的主要来源还要依靠俄联邦政府提供的税收优惠，成为俄境内的"离岸区"。科学城则是另外一种情况，科学城是特殊的单一职能城市，如奥勃宁斯克、普希诺、切尔诺戈洛夫卡等，这类城市主要建于20世纪60—80年代，居民多为受过高等教育的年轻人，这类城市中社会基础设施发达，工资水平较高，转型期科学城同样遭到科研资助大幅削减的困境，但这类城市通过获得研究赞助等方式快速适应了市场化条件，获得投资，在高新技术领域和工业领域建立了一些小型企业。例如，莫斯科附近切尔诺戈洛夫卡转型为首都市场的食品生产商。尽管20世纪90年代俄罗斯的经济与社会转型对这类科研中心的发展带来很大的不利，但在没有国家扶持的情况下胜出者能摆脱危机完成转型。

在20世纪90年代转型期，城市职能对其社会经济发展是否顺利有重要影响，对首都和经济中心来说，城市地位对社会经济发展影响最大，对北部和偏远地区城市带来说，交通和地理位置更重要，产业结构居其次，对其他地区大多数城市来说，城市职能与人口规模结合在一起对城市发展产生影响。原料型出口导向城市与世界经济接轨，但产品价格受国际市场影响，这类城市居民收入与社会支出更高，但这类城市的发展前景也很难保证长期有利，其他结构单一城市更多处在危机中，社会发展前景暗淡。除此，影响当前中小城市发展的因素不仅包括有活力的产业，还有城市管理、人力资源等。

总体上，各类城市发展动态再次证明了人口向大城市集中的总体趋势。在俄罗斯城市结构中年轻城市所占比例较高，小城市或城镇的经济主要靠依存企业的竞争力。随着苏联解体，一些城市企业丧失了活力，这类城市前景也不容乐观。当前俄罗斯城市发展存在着尖锐的矛盾，俄罗斯经济转型带来财富两极分化，贫穷人口数量庞大，他们沦为城市生活中的边缘群体，经济危机和政治动荡引发失业率上升，带来影子经济和灰色经济蔓延、犯罪率上升等一系列问题。

第二节　文明视角下俄罗斯城市化

20世纪俄罗斯的城市化既体现了全球城市化的普遍规律，也体现了其自身的独特性。俄罗斯城市化具有大规模、复杂性和矛盾性等特点，其矛盾性体现在苏联时期城市化既具有激进性又具有保守性。激进性体现在城市人口快速集中和增长，保守性体现在农业人口对城市环境的适应能力弱，这两个过程严重脱节。从量化指标来看，大部分人口从农村来到城市，完成了职业转换；而从质量层面来看，城市生活方式作为现代文明和文化现象的标准是衡量城市化质量层面的重要尺度，俄罗斯在这一点上与发展中国家类似，农业人口没有完成向城市生活方式的转变，没有掌握城市文化以及相应的价值观和行为准则。

一、城市化的一系列矛盾

从史学视角来看，俄罗斯与西方国家相比，其城市化道路体现出鲜明的自身社会文化和国家发展特点。苏联时期一直强调集体观念，限制人的个性化发展，这体现在城市化发展的特点上。迄今，一些城市地理学家仍主要强调生产基础和城市基础设施建设，而忽视其承载的文明与文化内涵。当前世界范围内认为后工业时代人口质量、文化内涵对城市化有重要作用的人不断增多。这一观点对分析20世纪90年代俄罗斯城市化危机有重要作用；相反，对城市化理解仍停留在工业化、城市均衡发展、科学城等观念中，对探索城市化未来有很大局限性。从文明与文化的视角探索苏联时期城市化特点能够更全面地理解俄罗斯当前的现代化进程。

(一) 高速与优质间的矛盾

苏联时期城市化强调量化，追求速度而忽视了质的层面，体现在城市化具有不完整、未完成性等特点。自20世纪20年代末30年代初，苏联时期城市发展与社会主义建设联系在一起。首先，城市发展与加速工业化紧密相关。在社会主义建设的洪流中，城市建设作为工业大生产的附属品存在。苏联时期城市化不仅具有自身的社会内容，而且具有独特的国家驱动机制。城市化与工业化一道具有加快、加速、加急的特点，因而它的不完整性由其自身独特性和矛盾性所决定。

苏联时期城市化水平不断提高主要体现在量化指标，即城市数量和城市人口比重快速提升上。2000年俄罗斯城市人口在总人口中的比重为73%，从这一指标来看，俄罗斯城市化水平处于欧洲国家的中等水平，略次于美国（76%）和日本（78%）。但苏联时期城市环境、市民的收入以及生活方式，生活质量标准仍落后于西方发达国家。因此，后苏联时期俄罗斯城市化走出危机需要的不是几年，而是几十年，因为这一危机是20世纪俄罗斯城市化发展的粗放模式产生的结果。

(二) 宏观计划与个体发展间的对立

自20世纪20年代开始，苏联指令型经济体系在城市发展中起决定性作用，加速工业化要求人口在短时间内快速向大城市集中，需要按照优先分配方向和资源使用指向进行合理布局。这一原则适用于城市生活各方面，包括社会人口、文化生活以及城市建设等方面，国家主要目标是不惜任何代价完成工业现代化。在资源有限的条件下，完成工业规划主要条件是降低工业建设成本；在这种特殊的生产组织模式下，工人生活水平大大降低，相应的城市政策——在人的居住条件、社会文化设施建设以及城市交通条件上被严格压缩支出。而各层级计划脱离实际，权力机构变得集权和无序，城市和工厂建设审批依赖主管部门的主观意志，缺少对商品供需、商品成本的市场分析。一定程度上，苏联时期的集权、高压以及腐败成为工业和城市资金分配的主要影响因素。

（三）城市的农村根源与现代化的对立

1917年革命后，苏俄城市中社会阶层已经发生了根本上的变化，贵族阶级和商人阶层不复存在，小资产阶级消失，甚至一些熟练工种的技术工人也为数不多。取代这些阶层的就是那些离开农村的农民。大部分城市人口是第一代或第二代农业移民，第三代城市人口的比重低于20%。1989年苏联时期城市人口的比重达66%，居民中60岁以上的城市人口中原住民不超过5%~17%，在40岁人口中原住民比重大约占40%，在22岁以下人口中原住民比重超过一半。因此，苏联时期并非真正意义上的城市社会，多数居民是第一代城市移民，属于半城市和半农村人口，带有过渡性和边缘性特征。

进入城市的农村移民并未真正融入城市，在就业、服务以及休闲娱乐等方面仍保持着农村特点。70%的城市人口增长是昔日的农民经过身份转变带来的结果，这些因素构成了许多文献中所提及的苏联"伪城市化"现象。来到城市的大批农业移民对所移入的城市和移出的农村都产生着不利影响，对于迁入城市带来住房、交通等方面的压力，对移出农村而言，导致农业劳动力的减少，农业经济的不景气。1959—1979年农业人口减少了一半，从5500万降至3910万；农业居民点中的人口数量下降了几乎一半，从29.4万降到了15.3万。苏联时期，由于较低的劳动生产率，城乡关系体现在变形的就业结构上；1989年苏联城市人口比重占66%，而在农业经济中就业人口比重为20%。据苏联时期经济学家分析，在当时苏联农业经济中所支撑的城市人口比重应占60%，即有6%的城市人口为"过余"人口。①

俄罗斯城市中居住着大批农业人口，他们带有外乡观念或农村思维，有着模糊的城市生活观念，介于城市和农村生活方式之间。昔日的农民并不能自动成为城市中的个体，最初的农业移民仅是形式上成为城市人口，苏联时期这类边缘人口达几千万，城市居民按照自己的思维意识生活，而这些半农业人口按照农村观念生活，他们部分从事着城市经济之外的劳动。有些农村人口居住在郊区，每天去城市工作；除了这种钟摆式劳动移民外，还有一类农业移民没有城市户口，在城市中从事最为繁重的工作。随着昔日农民在城市的扎根，他们的子女逐渐融入城市生活，城市的这种边缘化现象也在逐渐减少。然而不同社会条件下这一特点减少的速度有所不同，并且也会因人而异。一些人会努力追求掌握新的文化知识，为了让自身更符合发达的城市环境，做了大量思想方面的准备。这类人会很快适应城市环境，并且这部分人中产生出一些杰出的文化精英。我们所知道的罗曼诺索夫、齐奥尔科夫斯基、索罗金等杰出的科学家和文化活动家就是这类人的典型代表，但还有一些阶级异己人士，他们成了城市发展的绊脚石，阻碍着城市文化的普及。

不少苏联时期的权力阶层代表来自城镇或农村。人口学家维什涅夫斯基（А. Г. Вишневский）分析了苏联权力时期精英出生地的数据，他得出这样的结论：在革命和内战时期首批苏联时期领导者在城市中出生的居多，这一时期也是城市人口在全国占比最低的时候。后来随着城市人口比重增长，补充党政精英队伍的更多代表来自农村。从1917—1989年苏联时期党政精英的社会出身面貌来看，来自工人家庭的比重占26.9%，农民家庭出身的比重占35.2%，职员出身的比重占16.6%，其他

---

① Удельный вес городского и сельского населения СССР, РСХСР, Урала в 1959-1989 гг [EB/OL]. Studfiles, 2016-3-10.

占2.6%。[1]

(四) 工业化的领先与城市基础设施的滞后

农村化是苏联时期城市的标志性特点，这与当时城市化被视作工业化的副产品有关。随着农业移民大规模进入城市，住房问题更加紧迫，城市公用设施不足，郊区、小城市以及城镇居民的住房保障很差。在严格的计划经济体系下，本着节约和剩余的原则建设城市。从加里宁格勒到符拉迪沃斯托克都在进行着低质量的楼房建设，使用廉价的墙板和硅酸盐砖；城市建设统一化，国家将城建开支降到了最低，这也是苏联时期城市农村化的部分原因。在加速工业化的方针指导下，一定程度上，城市变成了巨型军事企业和军工居民点的集体宿舍。通常，城市是各种活动的集中地，更是文化的集中地。苏联时期许多城市，甚至一些大城市，很多方面还保留着城镇特点。这降低了城市化质量，使城市带有农村化特点。迄今，城市农村化是发展真正意义上的城市的阻碍。

二、城市农村化根深蒂固

从文化定义来看，城市文化指的是人类生活在城市社会组织中所具有的知识、信仰、艺术、道德、法律、风俗等一切城市社会所习得的能力及习惯。广义上，城市文化指的是人们在城市中创造的物质财富和精神财富的总和，是城市人口生存状况、行为方式、精神特征及城市风貌的总体形态。现代城市文化包含城建特点、艺术和历史特点、城市生活传统、教育环境等多方面内容，现代人的日常生活也受到许多重要历史事件的影响，城市文化时刻体现着当前和过去的联系，历史遗产不只体现在城建风格上，由教育环境和城市生活准则所支撑的城市文化直接影

---

[1] Григорян Д К. Трансформация советской политической элиты: особенности и уроки [J]. Theories and Problems of political Studies, 2020, 9 (1): 146.

响着居民生活和他们的行为方式。城市生活和人的教育直接交织在一起，城市作为一种社会生活形式，体现了文化遗产的代际传承，也体现了人的社会性。城市是人们从事创造活动的地点，这里集中了多样化的活动类型与各种社会角色。因此，城市活动带有集体协作、共同参与的特点；相对于农业社会，城市社会作为更为先进的社会类型而存在。

基辅罗斯时期，俄罗斯城市与西欧城市并不存在本质差异，实际上这种本质差异产生于基督教东、西两部分的分裂。随着欧洲文艺复兴运动的开始，自俄国彼得一世改革之后，俄罗斯与西欧城市间的差异逐渐加大。欧洲城市的自由氛围是人类文明、科学、法律、契约精神及其社会等级制度共同作用形成的结果。俄罗斯一直在追赶，城市发展缓慢，手工业和商业发展薄弱。

索洛维约夫论述有关俄国城市文明的观点时[1]，他指出，城市和城市阶层并没有构成俄国的社会文化基础，社会基础是村社及那些被边缘化的无产者，他们是社会制度稳定的主体。尤·德尼亚诺夫（Ю. Тынянов）关注到了一种被称为"城镇文化"的现象，也就是说存在一种特殊的社会群体，他们住在郊区，生活方式介于城市和农村之间。亚历山大二世的改革部分上被亚历山大三世和尼古拉二世延续下去。而后的斯托雷平改革对村社带来毁灭性打击，农村居民涌向城市，但是当时为数不多、较为落后的俄国城市也无法接纳如此之多的农村人口。大量移民聚集在城郊从事生产活动，取得微薄收入。城市对他们来说像一个美好的梦想那样不可企及。然而我们有必要承认，在19世纪末20世纪初之前，俄国城市也不像西欧城市那样，更确切地说，俄国城市是一种"准城市"结构。城市主要由一些建筑、宫殿、商店和少数商人住宅构成，始终缺少稳定的商业阶层，缺少成熟而广泛接受的城市文化，

---

[1] Горнова Г В. Городская цивилизация как фактор формирования человека [A/OL]. http：//www.yafalian.ru/konfer/053.pdf.

而农村文化却在其间广为传播。

斯托雷平改革之后，俄国城市发展更加迅速。20世纪初俄国文学和艺术的繁荣也见证了这一点，市民群体开始形成，工业快速发展，出现了庞大的市民阶层，工人和职员联合成统一的文化群体，1917年无产阶级革命将未及发展成熟的城市推向了另外一个方向。革命和内战后，农村人口向城市移民的步伐加快，尤其在农业集体化运动后，昔日的农民经过社会主义改造，消除了文盲，成为社会主义公民。大多数情况下，农村移民试图在城市创造乡村文化的绿洲，这一过程的典型写照是城市里出现了庭院式建筑，像农村建的篱笆墙一样。第一代城市移民的道德观、是非观保留着农村熟人社会的那种价值观念，他们仍保留着传统价值观来评判年轻人的行为，这些与城市价值观完全不同。

三、城市文明的特殊性

从词源学来看，俄语中"цивилизация"（文化、文明）的词根来源于拉丁文"civis"，意思是"公民""市民"。拉丁语"civis""civilis"最先描述了城市居民的社会品质，多义词"urbanites"（城市人）一词源于"urbs"（城市），指的是举止彬彬有礼，行为通情达理、和蔼可亲，语言得体的人，这些特质代表了城市人口的总体特点。

苏联时期城市似乎背离传统城市，但又与具有自由精神的西方城市体系格格不入，社会主义者们努力追求构建自己的城市道路，达到既有西方城市特点又兼具田园风格的社会主义城市标准。苏联时期的城市作为新事物，需要快速形成新的城市文化，需要打造新的居住环境，摧毁过去的生活方式，建立新的思想理念。集体主义作为城建基础理念，体现在教育设施、食堂、交通基础设施等方面的建设上。城市具有专门的分配体系，统一的住宅规划、俱乐部、饭店、郊外别墅，这些给人一种舒适和愉悦的印象。至20世纪60年代初，城乡人口数量基本持平，城市环境发生了显著变化,一些类似集体宿舍的住宅区或者说像是美国贫民窟似的破败居所大大减少。国家开始大规模地建设居民楼,那种被称作"赫鲁晓夫楼"的五层建筑开始在全国展开建设,通信和交通也获得快速发展,人们的行为方式更加接近城市生活习惯;咖啡馆、饭店数量增加,这些店铺不再作为人们果腹的场所存在,而是人们度过闲暇和交流的地方。通宵不眠的市内大街带有了某种浪漫的情愫,交通客运运行到很晚,夜间漫步和凌晨归家成为大城市生活中的一种独特仪式。可以说,20世纪50—60年代出生的苏联人已开启了自己积极向上的城市生活。至20世纪70年代末—80年代初,新成长起来的市民在潜移默化中掌握了现代城市文明的价值观,掌握了像言论自由、个人隐私、同居、人权、自由活动权等观念,尽管这些观念并不是苏联解体的主要原因,但这些因素对戈尔巴乔夫改革以及苏联体系瓦解有一定的影响。经过苏联时期的高速城市化,当前俄罗斯农村人口仅为全俄总人口的1/4;在人口出生率下降的背景下,城市人口仍持续增长,大部分年轻人在城市出生长大。现代俄罗斯城市的发展和壮大并不能一蹴而就,逆转不利趋势需要较长的时间和高昂的代价。

四、城市文明的过渡性

当前的俄罗斯一定程度上继承了先前的城市文化。当面临城市化问题和矛盾冲突时,城市并没有完成从封闭向开放的过渡,这体现在城市人口对外来移民的排斥等心理方面。无疑各类恐惧都属于城市文明的负面特征,或者说相当一部分的俄罗斯公民并未适应快节奏的城市生活。谈到恐惧,我们不应该忘记城市中存在的各类犯罪团伙,不只是黑手党之类的集团势力,还有普通的抢劫犯罪。以莫斯科、喀山等城市为例,这些大城市的本地居民对外来劳动移民所持的恐惧、担心、狭隘心理反映出俄罗斯城市文明尚处于向开放式过渡的阶段。另外,"帮派"行为也同样反映出这一问题。20世纪90年代俄罗斯某些城市中"光头党"的活动也透视出很多年轻人的迷茫和困惑，他们缺少精神上的归属感。

俄罗斯有关城市文明的另一个问题在于个人认同，尤其是私有化之后形成的"俄罗斯新贵"阶层现象，他们中有年轻的商人、政治家、经济学家等，他们在寻求自己能够皈依的信仰。转型期仍未发展成熟的俄罗斯城市并没有形成健康的国民意识，反而亵渎了正常的价值观，滋生出一种拜金、庸俗的价值观。旧的价值观和行为方式已经坍塌，新的价值观没有出现，政治精英们对此也无能为力，找不到一种符合国家利益和国家战略方向的思想武器。为了确保国家的稳定和法制运行，俄罗斯需要基于共同价值观之上的一种全民共识，制定以发展民主为目标的战略方向，现代城市拥有广泛而又多层级的通信渠道，这是社会对话的最佳方式。当前媒体的发展十分迅速，人类进入信息时代。随着互联网的全球化发展，人们交往的广度将不断扩大，世界将形成一个人类命运共同体，城市间交流将更加畅通，人们将摒除偏见，城市文明的开放程度将不断增强。

城乡间关系经历平行发展、冲突以及和谐共生的过程，俄罗斯20世纪城市化的发展正在经历着城乡间的冲突与交融的过程。二者间的冲突最终将走向和解。当城市文明发展到一定阶段，城市价值观及生活方式已成为主流，城市作为一种居住和交流的普遍形式，越来越多的城市人口倾向于居住在郊区别墅内，大规模的环保运动预示着人们对城市规则与城市文明的态度更加严格与自由。欧洲社会中存在两种相互联系的过程：一种是正在形成一种越来越开放的文明，这种开放的文化能够克服各种功利主义；还有一种是社区文化，追求多元文化的个人认同。俄罗斯城市积极参与到追赶欧洲的过程中，但无疑这一过程没有最终完成。

俄多数大城市集中在俄欧部分，这也是历史形成的客观规律。苏联时期实行限制大城市发展及促进中小城市发展的原则,通过限制大城市人口增长以及限制工业建设规模来抑制人口向大城市集中。但是生产力和劳动力资源不可能流向中小城市,因为这样会带来额外投资,有悖于国家政策方向。苏联时期大城市数量继续快速增长,中小城市人口向大城市流动;过快的人口增长与城市硬件设施不相匹配,产生人口数量与服务设施之间失衡的问题。20世纪七八十年代为苏联社会的深度转型期,在经济结构和人口结构方面苏联社会开始转向城市化社会。据统计,1979—1989年城市人口从9540万增长至1.084亿,年平均人口增长达1.37%。[1]

大部分农业人口转为城市居民意味着更为复杂的问题,这一过程带来了不少消极后果。农业人口涌入城市显著超过了劳动力需求,使城市化速度快于工业化;农村向城市的移民不断推动着失业人数的增长,在城市边缘地带盛行"帐篷文化",这也成为苏联时期城市发展的特点之一。人口性别年龄结构失衡以及就业问题一定程度上反映了这一时期国家城建政策的问题,苏联时期城市化不仅有自己的社会内容,还有自己特殊的动力机制。

俄罗斯20世纪90年代末的城市化危机受其城市化发展特点决定,早在苏联时期或者更早就已形成了这种危机的隐患。俄国几百年间粗放式开发带来人口资源和自然资源的极大损失。在20世纪俄罗斯大规模的城市化进程中,社会现代化是城市发展的主要动力。苏联时期的现代化进程带有保守性及未完成性、过渡性等一系列特点,俄罗斯继承了苏联社会遗留下来的特点,所继承的并不是一个现代化社会,而是转型中的伴随着一些军事化特点的、并未成熟的杂糅体。当苏联经济体系失效后,停滞取代了改革,社会分化取代了先前的平均化。苏联社会的双重

---

[1] Кузнецова Я А. Факторы, тенденции и особенности урбанизации в Сибири в 1970-1980-е годы [J]. Исторические исследования в Сибири: проблемы и перспективы, 2010: 222-228.

性、未完成性特点形成于 20 世纪 30 年代至 20 世纪 80 年代，甚至有些方面早在 1917 年前就已经形成了。实质上，这一模式保留了许多传统社会制度的特点，同时又兼具激进性。加速模式最后以危机的结果呈现。

第四章

地理学视角下俄罗斯的城市化与城市化相关问题

20世纪俄罗斯经历了战争、饥荒、政治清洗、经济危机等重大事件，人口遭受重大损失。尽管如此，20世纪仍是俄罗斯人口向城市集中最快的时期。俄罗斯的城市化道路具有不同于西方国家的发展特点。苏联时期城市化是工业化的衍生品，在加速工业化政策下城市发展具有激进性。1970年苏联城市人口占总人口的比重为56.3%，完成了从传统农业社会向工业社会的过渡。[①] 快速城市化带来的后果就是城市环境发展滞后、生态环境恶化、城市职能单一等问题。从地域上看，尽管俄罗斯欧亚两部分的城市化水平差距不大，但从大城市密度、城市环境等衡量质量层面的综合指标来看，俄罗斯城市化成熟度自西向东递减，从地理学角度来看，俄城市化具有一定的梯度性。按俄罗斯城市发展的先后，我们按照西部、中部、东部的地理维度展开论述，西部即俄欧部分，覆盖了东欧平原等广阔区域；中部指的是乌拉尔及西西伯利亚平原的广阔区域；东部指的是东西伯利亚与远东广袤地区。

俄罗斯城市化发生在一系列特殊的历史背景、地理环境、地缘政治等因素作用下，无论是城市建设的规模、城市化速度，还是其他社会经济指标，都是巨大的进步。自然气候条件、广阔地域以及极度不均衡的

---

① Вишневский А Г. Серп и рубль: Консервативная модернизация в СССР [M]. Москва: ОГИ, 1998: 432.

人口分布等因素抑制着俄北部和东部地区的城市化。自加速工业化以来，城市自我发展机制逐渐被国家统一工业化代替，城市不再代表地区利益的中心，而是服务于中央生产力布局的需要，是劳动力有组织流动的集中场所以及企业居民点的附属。老城区的发展、新城区的建立以及其他城市活动的发展不取决于当地人口的需求，而是取决于国家高层或各大部委的决议。尽管20世纪70年代，苏联城市管理方面出现一些缓和，但起决定作用的仍是生产力布局的需要。在苏联时期的经济体系中，全国的生产力布局受中央决策层领导，地方城市管理机构不参与城市建设问题。苏联解体后国家预算补贴停止，城市经济恶化，这决定了边缘地区小城市的发展前景。当前，学术界对俄罗斯城市化的实际发展与西方国家的城市化理论、全球化趋势、世界城市化发展阶段是否一致等问题展开讨论。从地域来看，俄罗斯学界对俄欧部分的城市化研究更加深入，而对西伯利亚与远东的城市化研究则不多。随着20世纪90年代俄罗斯经济体制转型、移民政策变化，地区开发和人口分布出现的一系列新变化，从地理学层面深入研究俄罗斯城市化问题显得更加迫切。

俄罗斯各地区的城市化水平存在显著差异。自20世纪下半叶以来，各联邦主体的城市化水平大体可分为8类：第1类是城市化最早起源地，如弗拉基米尔州、伊万诺沃州等；第2类为后加入的部分地区，如阿斯特拉罕州、伏尔加格勒州等；第3类为努力追赶地区，小城市分布较密集，如马里埃尔共和国等；第4类也是追赶地区，大城市分布稀疏，如巴什科尔托斯坦共和国、鞑靼斯坦共和国等；第5类是城市化中等水平地区，如沃罗格达州、基洛夫州等；第6类是位置偏远的城市化水平落后地区，如卡雷利阿共和国、科米共和国等；第7类是城市化相对顺利的边缘地区，如汉特-曼西斯克自治区、亚马尔-涅涅茨自治区等；第8类是人口稀少、城市化水平极其落后地区，如科里亚克自治区、涅涅茨自治区等（见表4-1）。

表 4-1　20 世纪下半叶苏联时期各联邦主体城市化类型特点

序号	主要特点	地区
第1类	城市发展主要起源地、城市化水平领先地区 ——城市化较早 ——城市化最初意义重大但进程缓慢 ——城市人口高度集中 ——新城市比重高 ——经济中心实力雄厚 ——双中心分布 ——城市带数量较多	莫斯科地区、弗拉基米尔州、伊万诺沃州、下诺夫哥罗德州、图拉州、雅罗斯拉夫尔州、斯维尔德洛夫斯克州、车里雅宾斯克州、罗斯托夫州、萨拉托夫州、列宁格勒地区、克麦罗沃州、加里宁格勒州
第2类	城市化水平领先地区（后期的城市发展发源地） ——相对较早的城市化 ——农业人口密度较低 ——城市人口较为集中，城市居民点平均人口数量较多 ——城市带数量虽多，但不太发达	阿斯特拉罕州、伏尔加格勒州、萨拉托夫州、哈卡斯共和国、新西伯利亚州、鄂木斯克州、滨海边疆区、萨哈林州、犹太自治州、摩尔曼斯克州、彼尔姆州
第3类	追赶型地区，大城市分布稀疏 ——最初城市人口比重和人口密度不高，城市人口快速增长 ——20世纪90年代城市化水平继续上升 ——城市居民点分布密集 ——建于1917年前的城市比重较高 ——低于1.2万人的城市居民点占比高 ——1917年前建立的城镇占比高	马里埃尔共和国、摩尔达维亚共和国、楚瓦什共和国、梁赞州、乌里扬诺夫州

续表

序号	主要特点	地区
第4类	追赶型地区，大城市分散 ——城市人口比重和城市密度在初期居中等水平 ——20世纪90年代城市化仍在持续 ——城市居民点的平均人口规模较高 ——城镇占比较低 ——新城市占比高 ——不发达的城市带数量较多	巴什科尔托斯坦共和国、鞑靼斯坦共和国、乌德穆尔特共和国、沃罗涅日州、利佩茨克州、奔萨州、托博尔斯克州、阿滕格共和国、达吉斯坦共和国、卡巴尔达-巴尔卡尔共和国、克拉斯诺达尔边疆区、斯塔夫罗波尔边疆区
第5类	城市化水平中等地区 ——按多数指标来看城市化水平居中等，增速居中 ——20世纪90年代城市人口持续增长，但这一时期的城市人口比重下降 ——地区开发水平相对较低	沃罗格达州、基洛夫州、科斯特罗马州、诺夫哥罗德州、特维尔州、阿尔泰边疆区、库尔干州、奥伦堡州、秋名州、卡拉恰伊-切尔克斯共和国
第6类	城市化水平极低地区 ——城市人口密度较低，城市人口数量增长相对较快 ——最初城市人口比重增长较快，后来减缓 ——城市居民点密度极低 ——城镇比重高	卡雷利阿共和国、科米共和国、阿尔汉格尔斯克州、布里亚特共和国、克拉斯诺亚尔斯克边疆区、哈巴罗夫斯克边疆区

续表

序号	主要特点	地区
第7类	城市发展较活跃的偏远地区 ——城市人口密度较低情况下城市人口数量增长较快 ——初期城市化速度中等偏下，城市人口比重增长相对较快 ——城市居民点分散 ——缺少大城市	汉特-曼西斯克自治区、亚马尔-涅涅茨自治区、萨哈（雅库特）共和国、楚科奇自治区、卡尔梅克共和国、图瓦共和国
第8类	城市化水平极低、人口稀少地区 ——城市化指标极低 ——城市化水平落后 ——没有大城市	科里亚克自治区、涅涅茨自治区、泰梅尔自治区、埃文基自治区、阿尔泰共和国、阿加布里亚特共和国、乌斯季奥尔登布里亚特自治区

资料来源：Роман Попов Урбанизированность регионов России во второй половине XX века ［EB/OL］. http：//www.demoscope.ru/weekly/2005/0217/analit03.php.

从地理学角度来看，俄罗斯城市化成熟度自西向东、自南向北逐渐降低，这一特点由自然地理特点、经济与社会发展历史决定。苏联出于地缘政治和地缘经济方面的考虑，采取了生产力均衡布局的方针，促进中、西部人口向东、向北迁移，以开发东部和北部、巩固国防。

第一节 俄罗斯西部地区城市化

20世纪俄罗斯完成了轰轰烈烈的城市化革命。这一转折性的突破意义重大、成就突出，但也存在很多缺点和不足。俄罗斯的城市发展充满各类矛盾，有很多缺陷，新问题层出不穷。从地理学角度来看，几千年来城市作为一种掌控领土的工具十分重要。即使在20世纪末俄罗斯城市发展遭遇危机情况下，城市仍是大部分人的居住环境，尤其是大城市代表着社会的进步和发展。从这一点来看，俄罗斯的城市具有更大的发展潜力。

从地域上看，苏联时期城市化从俄欧地区向东、向北不断被推进，城市发展水平自西向东呈阶梯状。俄欧地区的城市人口集中程度更高，大城市、城市带数量更多；乌拉尔、西西伯利亚居其次，再次是东西伯利亚和远东。从时间维度上来看，远东城市发展迟滞于俄欧与中部，主要发展阶段在20世纪50—80年代。由于远东占据重要地缘战略地位，苏联时期采用行政征召、经济刺激等多种方式促进人口向东大规模移民。

一、城市化相对快速

据1897年人口普查数据，这一时期俄国城市化水平起点很低。在俄欧部分共分布着376座城市和37座城镇，城市人口比重不超过15%。城市分布极其分散。19世纪末经济增长、铁路建设为城市化发展奠定了基础。偏远的城市就丧失了发展机遇，甚至有可能丧失其城市地位。彼得堡、莫斯科经济发展水平显著领先于其他城市。

在20世纪100年间俄罗斯的城市发展有了很大进步，城市数量翻了一番，城市人口也急剧增长。20世纪初俄国境内占主导的是人口不足1万的商业城市和行政城市。至20世纪末，则是1万~10万人口的中等城市占主导。城市标准也有了很大变化，按现代标准，5万人口以下为小城市，而20世纪初小城市人口数量为2万以下，且小城市的比重占绝对主导地位。现在则是2万人口以下的小城市仅居住着城市总人口的5%。大城市数量从7个增加到124个，增长了17倍，当中所居住人口从290万增至5280万，城市人口占总人口的比重从40%增长到71%。新城市为俄罗斯城市化贡献了不少力量，在20世纪的百年间，俄罗斯新兴城市大约有500个，占城市总量的59%。[1]

20世纪20—50年代是俄城市化集中发展期，加速是这一时期的主要特征。城市数量和城市人口数量增长迅猛，新城市数量快速涌现，如马格尼托格尔斯克、陶里亚蒂、下卡姆斯克、捷尔任斯克等城市，这些新城市跳过了小城市的发展阶段，凭借自身产业基础一产生就被确定为大城市。俄欧地区城市经济快速增长，产业基础不断发展，新城市也不断出现，西部城市化水平高于中部和东部地区。

（一）城市——工业化的产物

20世纪苏联城市化受加速工业化浪潮驱动，很多新城市基于工业或重工业产生，工业带来城市增长，广阔地理面积而城市分布过于分散，即使在城市分布相对密集的俄欧地区，城市基础设施也不足，随着农村集体化，大量农业移民进城，令城市带有了半农村化特征，当然欧俄地区城市设施相对更完善一些。另外，新城市的建立吸引了举国关注，一些新兴工业城市成为苏联时期城市建设的典范。

单一职能城市广泛分布，这是苏联时期城市化的主要特点。单一职能城市的经济基础不牢靠，劳动力结构单一，其效率远低于复合职能城市。后苏联时期，这类城市发展面临很多问题，甚至有些中、小城市在20世纪90年代的转型期面临消亡。即使在俄欧地区综合职能城市数量也显不足，单一职能城市依托的主要产业为开采业、能源业、冶金业、化工业、木材加工业、机械制造业、食品业和轻工业等，还有一部分单一城市继承了先前的产业，如伊万诺沃及其周边地区以传统纺织业为

---

[1] Миронов Б Н. Город из деревни четыреста лет Российской урбанизации [J]. Демоскоп Weekly，2012（2）：259-276.

主；在北方区、西北区以及中央区北部木材加工业和造纸业十分普遍；在顿巴斯和莫斯科附近主要以煤炭开采业为主。

俄欧地区单一职能城市较为普遍的主要原因在于以下两方面：第一，极北地区自然条件恶劣，城市依托产业主要为资源开采业。第二，以某些军工综合体为基础发展而来的城市带有封闭性特征，与外界联系很少。苏联时期的部门管理体制在很大程度上阻碍了城市职能的综合发展，尤其是封闭型城市阻碍了人口集中，使城市职能更为单一，大大降低了城市作为经济中心利用周边地区潜力的可能性。

单一职能城市严重依附于生产企业，这使城市居民点类似村镇，市民的劳动类型大多与农业方式有关。农业活动对工业城市有明显影响，体现在建筑风格上。这类城市中建筑大多带有花园、菜园和板棚，街上堆着柴草垛，家禽随处可见，房屋前的街区大多是院落的延伸。企业家选择厂址时往往考虑本地的交通条件、燃料来源、劳动力成本、劳动人口以及劳动力的技能水平等因素。城镇中的"工厂村"则保留着农村的生活方式以及传统思维。这类居民点受其职能决定地位独立；在现代"工厂村"中，这类城市与外部联系不强，名义上是城市，实则为农村。多数情况下，中等城市和大城市由多个城镇组成，汇聚了各类工业企业。车里雅宾斯克州的科佩斯克就是这样的城市，该市有7.32万居民，由22个城镇组成，绵延55公里。当然这类城市职能随着时间的推移也在不断丰富，这也是俄罗斯城市发展的总体趋势。工业在城市发展的过程中起了重要作用，城市自身职能也在不断丰富，增添了娱乐、休闲等功能，建立了文化宫、剧院、博物馆和图书馆等社会服务业，这些功能主要依赖产业发展获得资金来启动。例如，伊万诺沃、利佩茨克、库尔干、布良斯克、别尔哥罗德、伏尔加格勒等，这些城市服务设施的发展依托在其工业基础之上。

在研究城市职能问题时，我们有必要考虑其最初的职能、后来不断完善的职能以及城市化发展阶段间的关系。城市职能的丰富在于建立一系列与最初职能不同的产业，如在纺织业中心建立机械制造业，在开采中心建立纺织、针织和制鞋企业等。有时新的产业类型和活动类型排挤了最初的产业，导致城市产业方向发生了改变。例如，莫斯科周边城市巴拉希哈和弗里亚季诺、乌里扬诺夫斯克州的季米特罗夫格勒、斯摩棱斯克的亚尔采沃等城市，先前这些城市为重要的工业城市，后来则发展成为旅游城市，职能发生了转变。

老城市的职能也在不断丰富。首先，一些新的产业进驻老城市使得老城市的经济基础得以巩固、城市职能更加多样化，城市社会职能进一步增强。另外，工业扩大令城市快速增长，城市人口和城市范围扩大。先前城区向周边扩展，新城区变得更加繁荣一些，老城区随着依托产业的萧条而变得衰败。新兴产业孕育了新城区，新产业会改变老城市的职能结构，优势产业有时会减少其他产业的发展资源。从社会政策来看，所有老城市，尤其是经济薄弱、发展缓慢的老城市需要全面巩固和发展，但从经济角度来看，以新兴工业为基础，城市经济的全面均衡上升也是不合理的；对于小城市的发展，苏联采取行政上撤乡换市的做法并未改变其农村本质。1926年几十个农业居民点改制为城市，当时有130个城市没有铁路，缺少基本的交通基础设施这些城市都并非真正的城市。

按俄罗斯城市标准，小城市的人口数量不少于1.2万人，至1999年年初，俄欧地区15.8%的城市没有达到这一标准，即每6个城市中就有1个不满足规定的人口标准，这类城市多数是老城市。俄欧地区有98座老城市，他们继承了1917年前的城市地位，有16座城市徒有虚名，并未达到小城市的人口标准。城市人口数量不足5000人，如普廖斯、戈尔巴托夫、索利维切戈茨克。图拉州的切卡林及列宁格勒州的维索茨克，其人口数量浮动在1200人左右。农业居民点改制为城市也是城市布局的一种方式，这些居民点通过行政方式转变了自身职能，成为形式上的"城市"。

(二) 新城市增长迅猛

在俄罗斯城市发展史中，历届执政者一直在不断建立新城市，很大程度上这是由于国家疆域不断扩大，国家一直在进行经济开发，城市建设成为巩固疆土的重要方式。值得关注的是俄罗斯的不少老城市称谓带有新城市含义，如"诺夫哥罗德"（俄文意思是"新城市"），再如，"下诺夫哥罗德""新拉多加""新切尔卡斯克"均带有新城市的意味。在新城市建立伊始，"喀山"被命名为"新布尔加尔""新霍尔莫戈雷"，都带上了"新"的含义。20世纪俄罗斯曾被称为"新城市国家"，因而在城市命名中很多城市都被冠以"新"（Ново-）这个前缀，如"新尼古拉耶夫斯克"（"新西伯利亚"）"新沃罗涅日""新乌拉尔斯克"等。

从城市发展史来看，城建的主要驱动力在发生变化。15—17世纪国家疆域扩大过程中，城市主要起防御作用，类似于城堡或要塞的作用；到了18世纪，城市地位按行政方式确立，如叶卡捷琳娜行政区划改革时建立的一系列行政中心城市。19世纪时，城市在经济发展中自然兴起。当然，其中一部分城市算得上是真正意义上的城市，如"亚历桑德罗夫斯克-格鲁舍夫斯基"（现名"沙赫塔"）"伊万诺沃-沃兹涅茨克"（现名"伊万诺沃"）"兹拉托乌斯特""索利伊列茨克""巴甫洛夫小镇"。

20世纪俄罗斯新城市的建立是基于执政者的战略意图，国家为了实现经济规划，不只建立新城市，而且农村行政改制为城市的数量也在大幅增长。进而我们产生这样的问题：俄罗斯是否需要以突击方式建立如此之多的新城市，使得有限资金在广阔领土上被不合理地消耗？俄罗斯如果像多数国家那样发展现有城市是否更合理一些？规划设计者们总是梦想着摆脱老城市的弊端，建立新城市，他们思考着怎样利用城建资金、合理规划并解决一些尖锐的社会问题。俄罗斯的城市规划者们为了实现各项战略而不断建立大量新城市。20世纪初俄欧地区的城市数量并不符合俄国的大国野心以及领导者的欲望，因为很多老城市经济萧条，没有发展前景，并不能成为新的经济增长点。工业化是城建的主要动力，而很多城市起不到国家发展所需的作用。因而，有必要建立具备以下几方面功能的新城市：第一，城建设施应起到一定的服务功能；第二，要充分利用大城市的核心地位解决复杂的城建问题；第三，建立新城市可吸引各种资源；第四，由于老城市并不总是处于需要的位置，因而有必要建立大量新的产业中心。

的确，先前所有州或边疆区的中心完成了工业发展使命，也发挥了复合职能城市作用。几十个小城市也扩大了很多倍，如"车里雅宾斯克""利佩茨克""切列波维茨""旧奥斯卡尔""奥尔斯克"等中等城市。新城市大多由大城市引领进入城市带之列，对人口布局向下一阶段发展产生影响。20世纪百年间大约有1/3的新城市是卫星城，新城市大多出现在交通干线两侧，形成城市链条，服务于城市带中的轴心或积极发展的轴心带。俄欧北部也出现了一些新城市，在极端不利的自然气候条件下，这些新城市决定着生产力布局的发展。

除了个别年份，几乎整个20世纪俄罗斯都在不断建立新城市。城建的高峰期大多出现在人口普查的前几年，新城市出现最多的年份在1938年，这一年恰好为苏联1939年人口普查的前一年。卫国战争并没有影响苏联时期建立新城市的进程，反而使之在这一期间加速。此期间俄欧地区共建立了50多座新城市，城市选址主要位于邻近工厂或火车站的地方（见表4-2）。

<<< 第四章 地理学视角下俄罗斯的城市化与城市化相关问题

表4-2　20世纪俄欧地区新建城市数量

单位：个

时间	新建城市数量	平均速度
1901—1906	7	约1个/年
1917—1926	65	6~7个/年
1927—1940	116	超过8个/年
1941—1945	48	9~10个/年
1946—1958	115	约9个/年
1959—1991	135	4个/年
1992—1998	23	3个/年

资料来源：根据1926年、1938年、1959年、1970年苏联人口普查数据制作。

战后新城市的增速下降，巧合的是战前14年和战后13年，即1927—1940年和1946—1958年新建城市的数量几乎一样多，分别是116个和115个。在20世纪60年代末新城市建立速度下降，平均速度为每年1~3个，这一数字仅在个别年份上升。试比较，1971年新城市建立的平均速度为4个，1981年为5个，1989年为7个。[1]

二、城市化阶段相对成熟

20世纪俄罗斯城市化的质量维度值得人们关注，因为这一问题与城市化的本质有关，对确定人口布局潜力、揭示和利用未来城市发展的条件有重要意义。评价城市及城市人口布局只看量化指标是不够的，因为量变并不能马上转为质变。苏联时期城市化总体形势在于大城市数量急剧增长以及各类型新城市不断涌现，人口分布形式向下一阶段转变。

---

[1] Формирование сети городов в послевоенное время [EB/OL]. https://lektsii.org/10-41147.html.

（一）大城市数量增长快速

20世纪初俄国只有两座百万人口大城市，有5座10万人口城市。对于俄国广袤疆土而言大城市数量远远不足，真正城市化区域面积很小。我们知道，大城市担负着完成城市化转折的历史使命，能够更好地保障社会进步。大城市内部联系紧密且富有创新精神，这促使大城市成为社会进步的动力；只有大城市数量不断增多，城市规模不断壮大，才能发展为创新发源地，对城市化转折发挥重大作用。

表4-3 俄欧地区的百万人口大城市

经济区	百万人口城市	1994年居民数量（万）
中央区	莫斯科	879.3
	下诺夫哥罗德	142.8
西北区	圣彼得堡	488.3
北高加索区	顿河畔罗斯托夫	102.3
伏尔加沿岸区	萨马拉	125.5
	喀山	109.2
	伏尔加格勒	100

资料来源：Полян П. и др. Город и деревня в европейской России: сто лет перемен [M]. Москва: изд. ОГИ, 2001.

在苏联加速工业化之前，俄欧地区共有17座城市。加速工业化极大地促进了苏联时期大城市的增长。尽管城市环境不够完善，城市居民算不上真正的市民，但大城市的发展促进了城市化转折的快速到来。城市化的主要任务是：形成多职能的城市网枢纽、汇聚先进生产力以及知识资源，加速完成向现代城市社会的转型。我们正确评价城市化不应只停留在城市数量、城市人口规模和城市人口比重等量化指标上，更应看重城市化质量层面的各类指标，比如，大城市数量、城市人口密度、城市环境与职能特点、居民城市观念等。

俄罗斯曾有"大城市国家"的美誉，但俄罗斯大城市数量分布并不均衡，主要集中在俄欧地区。20世纪60年代美国地理学家查理斯（Ч·Гаррис）指出，苏联大城市数量超过美国、日本等。苏联解体后，俄罗斯联邦继承了苏联城市数量的50%以及苏联大城市数量的56%，大城市人口比重更高，因此查理斯的观点对俄罗斯更适用。在整个20世纪，苏联大城市的结构性转变更加明显：在127座城市中有80座老城市和47座新城市，其中30座新城市属于从无到有。苏联重视利用老城市潜力，尤其是那些在先前历史上起过引领作用的老城市。几乎所有地区、共和国和州的首府都起过引领性作用，俄欧地区的35座城市中只有两个没有起过类似作用。由于黑海省的废除，因而顿河畔罗斯托夫取代了新切尔卡斯克的中心地位，其余的33座城市中有29座是当前州首府，4座为民族共和国首府，分别是喀山、乌法、彼得罗扎沃茨克、弗拉季高加索，有9座老城市分别在伊万诺沃州、库尔干州、布良斯克州、别尔哥罗德州、利佩茨克州、伏尔加格勒州、斯维尔德洛夫斯克州、车里雅宾斯克州、摩尔曼斯克州。10座老城市过去曾经规模不大、经济萧条，但后来它们都发展成了多职能的共和国首府，仅有卡尔梅克共和国的首府是新城市——埃利斯塔。

在47座新城市中，大城市人口占17%，新城市人口增长明显低于以老城市为基础的大城市人口增长；以老城市为基础的核心城市职能发展更加齐全，活动类型更加丰富。在各地区核心城市中，州、边疆区、共和国首府集中了大城市人口的75%，即使排除莫斯科和圣彼得堡，这一指标也达到了66%。还有一类属于核心城市并非地区首府；从人口规模来看，这类城市的人口通常居地区第二位。俄欧地区有18座这种城市，其中10座为新城市，如纳别列日内-切尔内、马格尼托格尔斯克、新莫斯科夫斯克等。按人口集中程度，很多卫星城也属于大城市，这种城市有 26 座，如莫斯科周边的一些城市以及萨拉托夫恩格斯城，它们都属于大城市。还有一些新建城市，如捷尔任斯克、新古比雪夫、伏尔加斯基等，它们都属于大城市。

俄欧地区新建大城市大多属于工业城市。这类城市通常属于产业化发达的城市，如以冶金业闻名的马格尼托格尔斯克、以汽车制造业著称的纳别列日内-切尔内、以化工业闻名的别列兹尼基等。而后这些城市的职能得到完善，如捷尔任斯基成为科学城，陶里亚蒂发展为科技和教育中心。一些大城市尽管不具备首府的地位，通常也属于复合职能城市，如新罗西斯克、奥勃宁斯克、索契、皮亚季戈尔斯克、基斯洛沃茨克、塞兹兰、阿尔马维尔、米丘林斯克等。

20 世纪俄欧地区的大城市分布并不均衡，主要集中在中央区、伏尔加-乌拉尔地区，那里也汇聚了多数科学城，地理上覆盖了从莫斯科向西至中央黑土区、伏尔加沿岸与罗斯托夫州的连接处以及北高加索东部地区。这些复合职能城市具有一定稳定性和一定创新力，开展技术创新有更多潜力。

(二) 城市带数量不断增加

城市带是城市发展到成熟阶段的高级空间组织形式，指在特定地域内一般以 1 座以上的特大城市为中心，由 3 座以上的大城市构成，依托发达的交通、通信等基础设施所形成的空间活动组织，具有地域紧凑、经济联系紧密等特点，并最终能够达到高度同城化和高度一体化的城市人口集中区域。在地域上，城市带有多个城市构成，包括若干特大城市和大城市聚集而成的庞大的、多中心的、多层次的城市聚集区。城市带形成之前，人口自发聚集。城市带是国家人口布局的重要形式，城市带中的人口流动性大大提高，城市基础设施更加发达，城市带外部区域居民也可以获取到工商业、信息、教育及文化娱乐设施方面的服务。20

世纪90年代汽车的广泛普及更加强化了这一趋势。

1. 苏联时期大城市和城市带快速发展

据1897年人口普查，俄国确立了4个大城市，即圣彼得堡、莫斯科、敖德萨和里加，其中前两个大城市覆盖了很大面积郊区，尽管19世纪末铁路交通和运行速度及其他指标明显不满足当前城市带的条件，但这两个城市为核心的人口聚集区当时也可视作城市带。1926年苏联人口普查确定了9个大城市，严格意义上只有3个，主要包括莫斯科、列宁格勒和罗斯托夫。在第一个五年计划期间工业化和城市化浪潮加速了城市带的形成。1939年人口普查确立的城市带有高尔基、伊万诺沃、古比雪夫、列宁格勒、莫斯科、罗斯托夫、斯维尔德罗夫斯克、图拉、车里雅宾斯克和雅罗斯拉夫尔等多个地域。

卫国战争期间这些城市带中有一半以上发生过战事，这抑制了俄欧地区人口集中的过程，战争也加速了后方地区的人口集中，包括伏尔加和乌拉尔地区，上百万的人口和大量企业向中部和东部疏散。据1959年人口普查，苏联有42个城市带，其中有20个城市带在俄欧地区，比1939年人口普查时扩大了一倍，且新的城市带多分布在俄欧东部，仅沃罗涅日和加里宁格勒处于战争地带。1970年人口普查显示有63个城市带，近一半的新城市带在俄欧地区，在两次人口普查期间新城市带的比重增长更快。1959年和1979年两次人口普查期间城市带的数量从42个扩大到84个，其中百万人口城市从16个增长到34个，其中有42个位于俄欧地区。大部分百万人口大城市处于城市带中，莫斯科和圣彼得堡人口数量显著超过邻近城市，莫斯科周边的雅罗斯拉夫尔人口数量为63.5万。顿河畔罗斯托夫位于北高加索经济区，在全俄农业人口中比重最高。

(三) 大城市连绵区逐渐形成

莫斯科城市连绵区包括莫斯科城市带及周边城市，这一区域发展为全俄最大的城市连绵区，具有国际重要意义。据统计，该区域平均人口密度为330人/平方公里。2015年该区域集中了地区人口的43%，占地区生产总值的60%以上。未来随着莫斯科和圣彼得堡城市带的扩大和延展，至2030年该区域人口将达到2690万~3190万，全俄将形成6个大城市连绵区：莫斯科区、南方区、伏尔加沿岸区、乌拉尔区、西伯利亚南部区以及远东区。其中位于俄欧部分的大城市连绵区有3个，分别为莫斯科区、南方区、伏尔加沿岸区；乌拉尔区和西伯利亚南部区位于中部地区，远东区位于俄东部。2000—2015年伏尔加沿岸区、乌拉尔区、远东区流失人口浮动在2.9%~7.9%。

表4-4 1990—2015年俄罗斯大城市连绵区主要指标

单位：万人，亿美元,%

城市带延绵区	人口（万人）			人口动态（%）	生产总值（亿美元）		年均产值增速（%）
	1990年	2000年	2015年	2000—2015年	2000年	2015年	2000—2015年
莫斯科区	2460	2360	2730	115.4	1902	12104	4.86
南方区	600	620	640	103.8	188	1004	5.36
伏尔加沿岸区	1000	1000	970	97.1	490	2128	4.40
乌拉尔区	920	900	870	96.6	589	2487	4.37
西伯利亚南部区	910	900	930	102.4	395	1781	4.36
远东区	210	200	180	92.1	101	454	3.68
总计	6100	5990	6320	103.6	3665	19958	——
全俄	14830	14630	14650	98.8	7731	38168	——

资料来源：Ефимова В С. Сибирь и Дальний Восток в XXI веке：сценарные варианты будущего［M］. Красноярск：Сиб. федер. ун-т，2018：21.

俄欧地区城市带发展速度高于全俄平均增长速度，1990—2015年莫斯科区、南方区、西伯利亚南部区呈现积极增长态势；远东区流失了大量人口，呈现城市化退步趋势。2000—2014年俄罗斯国民生产总值平均增速为4.56%，从各大城市连绵区产值增速来看，南方区增速最快，高达5.36%；其次为莫斯科区，其增速为4.86%；而后依次为伏尔加沿岸区（4.40%）、乌拉尔区（4.37%）、西伯利亚南部区（4.36%），远东区居末位（3.69%）。（见表4-4）

1. 莫斯科城市连绵区

莫斯科包括莫斯科、莫斯科州、圣彼得堡、特维尔、诺夫哥罗德、卡卢加、图拉、梁赞、弗拉基米尔以及周边的一些小城市。该区域汇集了大量政治、经济、商业和文化中心。各类产业发达，包括金融和商业服务、贸易、文化旅游、技术研发和教育、医疗、交通、物流、机械制造、金属加工、航空、电子仪器、国防、建材、轻工业、冶金、木材、化工、食品业等。新兴高科技产业、生物制药、IT、数字服务、信息物流等部门将在这里占据越来越大的比重，莫斯科的交通物流以及面向圣彼得堡的海上航线将占据越来越重要的地位。

在全球劳动力分工体系下，这里分布着俄罗斯最大的国际公司总部和高新技术中心。由于这里分布着不少工业城市，城市环境质量有必要提高，莫斯科、圣彼得堡、图拉、梁赞等城市的大气污染物排放量超标。[1]

2. 南方城市连绵区

南方区覆盖俄欧地区的大城市，包括顿河畔罗斯托夫、克拉斯诺达尔、斯塔夫罗波尔以及一系列中小城市。至2030年这一区域人口数量将达到640万~730万，地区生产总值将达1337亿~2555亿美元。黑色冶金及金属制品生产、机械工程、汽车生产、农业机械及设备、直升机、仪器仪表、热电、无线电电子、石油产品生产、建筑材料、农业加

---

[1] Ефимова В С. Сибирь и Дальний Восток в XXI веке: сценарные варианты будущего [M]. Красноярск: Сибфедерун-т, 2018: 22.

工和食品生产、轻工、交通、旅游和娱乐服务业是该区的重要产业。新罗西斯克是俄罗斯黑海沿岸最大的海港,黑海沿岸也是全俄主要的旅游度假区。

南方区主要的竞争优势在于旅游业、农工综合体、轻工业、物流综合体等领域。与俄欧部分其他城市连绵区一样,南方区将开启后工业时代序幕,创新产业、知识产业在新经济资产配置中的作用提高,应用生物技术、基因工程等新技术产业优势显现,这类产业取决于是否邻近大学、研究中心等提供创新服务的主体。这里的生态环境发展相对顺利。

3. 伏尔加沿岸城市连绵区

该区域的主要城市包括下诺夫哥罗德、切博克萨雷、约什卡尔奥拉、喀山、下贝列日涅切尔尼、萨马拉、陶里亚蒂等一系列中小城市。至2030年,该区域人口将达到970万~1050万,地区生产总值将达到2694亿~4603亿美元。机械工程、金属加工、航天和航空工业、武器生产、电力设备、化工和石化产业、电力工业、建筑业和建材生产、食品、旅游、信息技术将成为该区域最重要的经济部门。独特的自然资源、发达的工业基础构成该区域的竞争优势,具有战略性的油气资源占主导地位。航空航天、核能与核辐射、信息和通信技术、光子学、医学和生物技术、冶金技术和新材料创造、能源新技术、运输、自然资源开采以及炼油、电力和机械工程、农业和食品工业将是该区域的重要发展方向,生态环境风险不高。

(四) 城市与农村特色鲜明

俄罗斯与其他欧洲国家、美国、中国、日本的城市不同,不同类型的城市均带有鲜明的农村化根源;即使历史悠久、社会经济发展相对顺利,俄罗斯欧洲地区城市仍带有鲜明的农村化根源。这主要由俄罗斯广阔的地域、不利的自然地理条件、国家在城市形成中的主导作用等因素造成的。

1. 农村居民点改制为城市

由于城市数量不足，在鼎盛时期俄国将农业居民点改为城市来扩大城市数量。在1775—1785年叶卡捷琳娜二世行政区划改革期间，以行政改制的方式建立146座新城市。19世纪这类方式推行规模下降，类似改制而来的城市如格赖沃龙、苏希尼奇、马林斯基波萨德、尼古拉耶夫斯克（现在的普加乔夫）等。20世纪行政改制方式更频繁地被加以应用，工业化无法驱动如此之多的城市数量，因而很多城市群具有农村特点。当前很多城市的名字也暴露出其农村本源，如茹科夫卡、科兹洛夫卡、阿列克谢耶夫卡、布图尔利诺夫卡等（城市名称源自先前农业居民点称谓）。

俄罗斯各类城市都带有农业特点，这并不令人惊讶，甚至连地区首府都有"大农村"的绰号，俄罗斯城市的农村化特点具有一定稳定性。郊区的农村被征用为城市建筑用地，成为城市的一部分。但有时候农业居民点成为城市后，也并未改变其建筑面貌、规划布局以及居民就业的农业特性。在某些大城市中还保留着传统农村的风格，如平房、菜园、花园、院落等，这一特点具有普遍性。尤其是小城市农村化的特点更加突出。在俄罗斯的各类城市类型中，小城市占绝大多数，因为俄罗斯城市带有明显的"城中村"特点。

2. 农业人口的大规模移民

城市农村化特点不只体现在"农村化城市"及"城中村"的特点上，实际上这一特点已经深入俄罗斯的城市结构中。大量农业移民来到城市，尤其是来到大城市，昔日的农民不能马上适应新的生活方式、新的价值观，这些人就构成了城市的边缘群体。据估计，这类人口占城市人口的1/4左右。

20世纪初德国的地理学家阿·赫特纳（Геттнер. А）写道：俄罗

斯大多数城市都缺少真正的城市生活，一些农村拥有较高比重的非农人口，尽管他们是封闭城市的人口，但将其称为封闭性的农村更合适，官方统计上将其列为城市。① 当然这并不意味着向大城市移民的只是边缘性人口，其中也包括知识分子在内的各类阶层。总体上，小城市、农村及外省不断向大城市输送文化、科技及艺术人才。弗·尼·托波洛夫（В. Н. Топоров）指出，圣彼得堡的作家群数十年来都是靠外来人口形成，"长期以来圣彼得堡的土壤不利于本土作家产生"。德·谢·利哈乔夫（Д. С. Лихачев）表达得更明确，"天才总是在外省产生"②。

3. 农村别墅普及

当然，如果城市中没有娱乐设施并且缺少多样化的职业选择也很难让人信服城市职能的完整性，以及人们熟悉俄罗斯人的"第二住所"——"农村别墅"仅是城市居民怀有田园情结的展现。从欧洲文化传统来看，郊外别墅是城市居民躲避喧嚣、追求田园生活和心灵宁静的最佳处所。③ 而对俄罗斯城市居民而言，农村别墅除了保留这一传统用途以外，经济用途也十分重要；在经济困难时期，农村别墅帮助城市居民度过了经济危机。苏联时期以及之后的人们努力追求在郊外有一块自己的菜园。梅德韦杰夫·罗·阿（Р. Медведев）写道："至 1995 年年末，花园和菜地的数量超过 3000 万块，这意味着每个家庭都有这样一块菜地；个体经济所占比重平均为 1/5，在大城市中这一指标较低一些，在小城市以及贫穷的外省城市中这一比重上升至 50%。"④

---

① Лаппо Г. М. Российский город – симбиоз городского и сельского [EB/OL]. Демоскоп Weekly, 2005-11-7.
② Лихачев Д. С. Русская культура в современном мире [EB/OL]. https://www.lihachaev.ru/pic/site/files/fulltext/rus-kult-1991.pdf.
③ 伊·伊·杜奇科夫. 文艺复兴时期的古典传统和艺术 [M]. 于小琴, 译. 北京：社会科学文献出版社, 2018：120.
④ Татьяна Н Г. Российские дачи в разном масштабе пространства и времени [EB/OL]. Демоскоп Weekly, 2015-10-5.

城市居民的类似活动促进了农业思想的巩固，并不是所有拥有别墅、菜园和花园的人都有这种思想。但对多数城市居民来说，间歇地在农村土地上劳作是必要的，而且这是一种积极的休息方式。

三、城市化没有最终完成

整个 20 世纪俄罗斯城市化进程不断被推进，新城市不断在涌现。在人口布局中，沿铁路线布局的思想十分明确，城市沿交通轴分布。新开发地区的核心城市有重要的意义，城市网覆盖了越来越大的地域。同时，城市化不同阶段的交替十分明显，新一轮人口向心聚拢十分重要。城市化遵循地理学规律的同时还受自然、历史、经济、人口、文化因素的影响。这些因素一直影响着城市化，不受社会制度的差异而变化。俄罗斯地域广阔、人口稀少，建设交通干线成为克服空间阻碍、推进城市化的主要方式。

大城市带形成于核心城市的基础之上。在 20 世纪末俄罗斯市场经济改革之初，部分研究人士认为，指令性经济体系瓦解、部门制度间的壁垒拆除、地方自治的发展会给城市体系带来新的变化，民主进程的推进会促进城市的繁荣和发展。很多人认为，土地价格自由化会自动调节和促进城市和郊区土地的利用，使一些城市清除不合理的产业，增强人口聚集效应。结果证明，尽管这一方向有所推动，但总体上收效甚微。城市发展趋势令人不安，先前人们希望通过改革来加快城市化进程的愿望几近落空。整个 20 世纪苏联的城市化道路中经历了不少新的考验，但多数城市的经济状况令人担忧，社会基础动荡，社会两极分化，犯罪率飙升，社会发展倒退了数十年。

（一）20 世纪末城乡发展失衡

自 1992 年开始，俄罗斯开始出现与先前不同的城市发展趋势：城乡人口动态发生改变，城市人口比重下降，农业人口长期下降后出现增长。危机期间，城市居民生活物资匮乏，很多南部地区的工业人口为了获利，转而去从事农业。

城乡改制也促进了城市人口比重下降。1991—1998年俄欧地区168个城市居民点改制为农业居民点，总人数达62万人。部分城镇向农村改制的主要因素在于农业居民点可以获得土地或享受优惠，因而出现部分地区的城改乡，但改制并未触及全俄，仅在一少部分联邦主体中具有大规模特点，有些联邦主体并未涉及。卡累利阿共和国的城镇改乡村数量达到了3/4，乌斯季奥尔登自治区几乎所有的城镇均改为农村。改制不考虑城镇规模，甚至有些大型城镇符合城市标准，也被改制为农村。1992—1993年，罗斯托夫州的巴加耶夫斯基镇（居民数量为1.41万）改制为农村，济莫夫尼基（1.67万）、奥尔洛夫斯基（1.78万）、马特维约夫岗（1.41万）等城镇均改制为农村。1997年克拉斯诺达尔边疆区的霍尔姆斯基镇改制为村。一些大城市的人口也不再增长，代之以不稳定的人口浮动或人口下降；还有一些大城市降入下一层级。降档城市有沃尔库塔、茹科夫斯基、基洛沃切别茨克和库兹涅茨克。几十年来积累下来的发展潜力没有得到充分利用，甚至在科技、文化等方面还出现某种倒退。人口聚集趋势几近停止或处于低位，在城市连绵区中卫星城的人口比重占30%左右，比美国少一半。在此期间，尽管俄欧地区的城市总量仍在增长，但城建速度明显下降。1994年一些封闭性城市的地位合法化，自1995年起这些城市被纳入统计。

城市发展出现两极分化，有些城市发展顺利，有些城市发展不畅，甚至部分城市濒临危机。发展顺利的城市为数不多，多数城市很难适应制度上的变化，尤其是一些地理位置偏远的城市，这类城市大多为农业城市，其萧条命运大多与农业经济不景气相关。单一职能城市也处于举步维艰的状况，如一些纺织业中心、采矿中心等。城市中的主导产业方向单一，缺乏经济能动性，企业停产，工人失业，城市预算无以为继。复合型职能的大城市状况好一些，丰富的城市职能、商业的汇集、有利的地理位置对城市发展起着积极的促进作用，给予城市更好的起步机遇。非生产领域如高等教育、出版业及信息通信等各类服务业发展很快。大城市对吸引投资更具吸引力，这类城市与自己的卫星城一道对国家克服危机、提升经济有着重要的作用。

（二）20世纪末城市发展缓慢或停滞

俄欧地区城市化同样具有未完成性特点。20世纪末，俄罗斯经济危机使城市化发展止于半路，全俄的大城市数量不足。许多地区需要根据新的条件重建中心、发展市场基础设施，利用自身的地理优势，提高居民生活水平、改善城市环境，成为真正意义上的城市。

城市化的未完成性还体现在交通设施不足，有的地区甚至不通铁路，需要加强经沃罗涅日、从莫斯科到北高加索的交通路线，建立俄欧北部到乌拉尔间的铁路，这些交通线可以改善从中央黑土区向西的交通状，完善伏尔加沿岸和乌拉尔地区沿线的交通。此外，还需要进一步完善波罗的海、黑海和亚速海以及北冰洋港口的基础设施，协调科拉半岛和季曼-伯朝拉地区、北极地区的城市发展问题。在气候恶劣地区不宜建立大的城市居民点，按资源状况沿彼得罗扎沃茨克—沃洛格达—科特拉斯—瑟克特夫卡尔一线应形成交通干线。

俄欧地区未来城市发展方向需要考虑减少人口向心聚集效应的不良后果，向心聚集会带来单一城市占主导的局面，先前拥有两大城市的州区有7~8个，包括普斯科夫州、伊万诺沃州、雅罗斯拉夫尔州、坦波夫州等。目前，除了地区首府外，俄欧地区形成两大城市并存的联邦主体及另一核心城市有鞑靼斯坦的纳别列日内切尔内、乌里扬诺夫州的德米特洛夫格勒、别尔戈罗德州的旧奥斯卡尔、图拉州的新默斯科夫斯克等。还有一些地区出现了核心城市后备，如阿尔汉格尔斯克州的科特拉斯、布梁斯克州的克林齐、库尔干州的沙德林斯克、沃罗涅日州的鲍里索格列布斯克、车臣共和国的古杰尔梅斯等。值得关注的是，核心城市的备选城市大多为新城市。多元化的产业发展方向、多中心的城市连绵区无疑会促进俄欧地区城市化更趋成熟。

俄罗斯未来城市化方向应考虑地理条件。农业地区向城市输送人口的可持续性，城市发展、单一职能城市转型需要在高质量的基础上完成，成熟的创新产业、有效的人口布局、真正意义上的城市环境以及高质量的人力资源是解决城市化问题的保障。

（三）科学城发展举步维艰

体现苏联时期城市化质量层面的重要方向之一是科学城的发展。科学城是各类先进元素的组合，它与核心城市一道发挥着引领产业发展的作用。科学城通常坐落在大城市附近，具有从事科技创新活动的环境。科学城在科技进步方面处于领先地位，在发展航空、宇宙探索、基础科学、电子技术、原子能等领域起着十分重要的作用，对俄罗斯强国梦的实现起着重要作用。按人口数量来看，科学城大多属于中小城市之列；从人口素质来看，科学城中的人口是知识精英群体中的一部分。

在苏共二十大代表会议后，在赫鲁晓夫的倡议下开始建立卫星城。1958年苏联开始在莫斯科郊区建立泽廖诺格。这些科学城大多与军工和国防有关，所取得的专利技术处于严格保密状态。莫斯科附近的科学城主要是基础科学基地，包括杜布纳、普罗特维诺、普希诺、特洛伊茨克、切尔诺戈洛夫卡。在10个参与核武器规划的城市中，有7个城市在俄欧地区，以萨罗夫和斯涅任斯克为首。奥勃宁斯克、季米特罗夫格勒、扎列奇内、索斯诺维薄尔的研究方向是核能利用；科罗廖夫、尤比列伊内、希姆基、列乌托夫、兹维兹德内、泽廖诺格勒、弗里亚济诺、拉杜日内、雷特卡里诺的产业化方向是电子科技；捷尔任斯克、列德季诺的产业化方向是化学化工领域；克里莫夫斯克的产业化方向是专业化武器。科学城还包括火箭发射场所在地，米尔内和兹纳缅斯克这两个发射场位于俄欧地区。随着科学城档案的解密，有关科学城的文献越来越多，只是对各个科学城的阐述并不全面。有序号的科学城分布在俄欧地区的有3个，苏联时期科学城的建立并未最终完成，有些科学城籍籍无名，如索先斯基、卡斯皮斯克或格拉佐夫。俄欧地区的科学城中大约居住着300万居民，这些科学城价值不可估量，它们代表着先进的技术设备和杰出的人力资源。在这些科学城中受过高等教育的人口比重占90%以上，其中不乏享有世界声誉的科学家。

随着苏联解体，科学城陷入困难境地，由于不能及时支付国防订货资金流被迫中断。1997年11月，俄联邦总统发布命令确定了科学城的发展方向，奥勃宁斯克开始试验和推广高新科技。而后又组织了全俄科学城联盟，共联合了70座科学城和高新科技中心，其中有54个位于俄欧，2/3在中央区，更多的科学城在莫斯科（29个）和乌拉尔（10个）地区。显然，科学城的分布更倾向于布局在大的城市中心附近，围绕莫斯科、圣彼得堡、下诺夫哥罗德、叶卡捷琳堡、车里雅宾斯克等城市。亚洲地区的科学城——新西伯利亚、托姆斯克、克拉斯诺亚尔斯克、伊尔库斯克都是地区的发展中心。

第二节　俄罗斯中部地区的城市化

俄罗斯城市化处于人口向大城市聚集的过程，即在大城市基础上形成一系列城市居民点，城市化也是生产力布局的主要方式。人口聚集有一定的选择性，这个过程又具有普遍性。大城市从周边地区获得人口补给，为经济发展提供条件。城市基础设施完善和城市职能全面可以解决自身发展的一些问题，如污染问题等。从社会学角度来看，城市人口聚集体现了现代城市的人口循环。人口聚集让城市居民点变得彼此接近，职能上可以相互补足，人口聚集能够产生巨大的经济效应。苏联时期在高度集中的部门管理体制下，政府对人口聚集的经济效应利用不足，各部门只关注部门内部联系，而不关注部门举措的经济合理性。因其地域广阔、人口数量不足，人口布局相对分散，彼此间缺少很好的协调，人口聚集的正面效果往往与负面结果结合在一起。

广阔地域下分散的人口大多通过一条或多条铁路线构成城市轴心区，形成城市沿交通线分布的特点。乌拉尔经济区人口布局相对稳定。人口形势影响着人口布局，在很大程度上也影响着地区社会经济的发展，决定着居民点分布和各类城市居民点的增长。苏联时期大量中、西部地区人口补给东部，而在20世纪90年代，受政治、经济体制激进转型的影响，俄罗斯人口先前自西向东的移民趋势转为反向回流，乌拉尔与西部地区大量接收来自远东地区移民，于东部相比，中部地区的城市化危机一定程度上好于东部地区。

一、乌拉尔地区的城市化

乌拉尔地区的城市人口比重高达80%，为俄罗斯城市化水平较高地区。其中，斯维尔德洛夫斯克州在各地区的城市化水平居首位，高达88%。这里坐落着俄联邦第四大城市——叶卡捷琳堡，该市人口达142.94万。在全俄1040个城市中，乌拉尔地区城市有140个；在全俄13个百万人口城市中，乌拉尔地区有4个，分别为叶卡捷琳堡、彼尔姆、乌法、车里雅宾斯克。

（一）城市化阶段

乌拉尔地区的城市化可分为四个阶段。第一阶段在15—17世纪，当时共有 33 个城市，且多属军事要塞或军事哨所等。第二阶段在 18 世纪至 19 世纪上半叶，自彼得改革时期起形成了一些工厂型堡垒，如卡缅斯克-乌拉尔斯克、涅维扬斯克、叶卡捷琳堡。这些城市奠定了俄国作为工业大国的基础。第三阶段在 19 世纪后半叶至 20 世纪 20 年代，这一阶段为资本主义萌芽期。尽管这一阶段历经各类战争和革命，乌拉尔地区仍出现了 16 个新城市，主要分布在矿产地、铁路附近或工厂所在地。在工业化推动下，城市化大大提速。第四阶段为 20 世纪 20 年代至苏联解体。此期间乌拉尔地区又出现了 15 个城市，其中包括马格尼托格尔斯克、久尔丘利（位于巴什科尔托斯坦）等采矿类城市，于 1929 年建立。

20 世纪乌拉尔地区人口的形成、发展与布局与地区社会经济发展状况紧密相关。1917 年乌拉尔地区城市人口数量仅为 89.2 万，占总人口的 10.2%，主要为一些行政型城市，如韦尔霍弗图里耶、克拉斯诺乌菲姆斯基、伊尔比特、图林斯克、阿卜杜利诺等。此外，还有大量不具城市地位的矿产开采中心，这些城镇按经济特点、人口增速、对周边地区的影响力来看也发挥了类似城市的作用。1917 年后，这些开采中心，如下塔吉尔、涅维扬斯克、伊热弗斯克、库什瓦、谢洛夫、米阿斯，获得了正式的城市地位。

(二) 快速城市化

20 世纪 20 年代初，乌拉尔地区人口数量下降。1920—1923 年人口数量减少了 58.1 万人，主要在于人口自然减员和人口外流；革命和内战几乎摧毁了乌拉尔的工厂和矿山，由于失业和饥荒，大量工人回乡务农。至 1926 年，乌拉尔地区仅有 40 个城市，约 100 万人。其中，斯维尔德洛夫斯克州和彼尔姆州的城市数量较多，人口数量超过 5 万的城市共 6 个，分别为斯维尔德洛夫斯克（13.64 万）、奥伦堡（12.33 万）、乌法（8.95万）、彼尔姆（8.48万）、伊热夫斯克（6.32万）、车里雅宾斯克（5.93万）。这些城市的人口总量占乌拉尔城市人口总量的一半以上。这一时期，乌拉尔不同类型的城市人口规模有明显差异，中等城市没有成长起来，城市人口有近一半居住在城镇中，各地区的情况大体类似。

1. 城市数量与人口增长

乌拉尔城市人口比重比西部更高，完成城市化转折更快。20世纪上半叶，有赖于地区资源的优势，一些大城市和地区首府迅速发展；至20世纪下半叶，城市化经历了集约化的增长阶段。百万人口城市数量增多，地区首府发展为复合型职能的大城市，同时还有一部分职能单一的小城市走向衰落。

（1）20世纪上半叶

20世纪上半叶，乌拉尔地区城市人口增长的80%来源于其他共和国和地区的移民。截至1959年，乌拉尔地区已形成主要城市网。首府城市人口数量成倍增长，通常城市进入50万人口以上的城市之列，这些城市集中了地区1/3的城市人口。这一时期乌拉尔城市化速度远高于其他地区。

第一个五年计划期间，乌拉尔的快速发展吸引了大量移民，不仅包括本地区农业移民，还包括来自其他地区的移民。1926—1937年，乌拉尔的城市人口扩大了1.6倍，农村人口减少了18.4%。城市人口增速显著高于全俄平均水平。工业化需要大量劳动力，其中近一半劳动力来自强制移民。至1939年，乌拉尔城市人口占整个地区人口比重的35.6%。试比较，1926年这一指标仅为16.9%，13年间该指标得到了快速提升。总的来说，在20世纪前25年，乌拉尔城市化为起步阶段，各地区之间存在较大差异。至1926年，斯维尔德洛夫斯克州和车里雅宾斯克州的城市人口占整个地区人口的1/3，至卫国战争前，这些地区城市人口比重已高达60%。[①]

1926—1939年乌拉尔地区城市人口年均增长12.6%，1937—1939年增长8.7%。增速下降的原因在于大型工业建设项目已完成，自发移民已停止。至1939年年初，乌拉尔地区已形成65个城市，其中8个10万~50万人口的大城市、8个5万~10万的中等城市以及49个5万人口以下的小城市。新城市不断涌现，第一个五年计划期间出现的城市有梅德诺戈尔斯克、克拉斯诺卡姆斯克、阿尔乔莫夫斯基、克拉斯诺乌拉尔斯克、马哥尼托格尔斯克。人口增速最快的是大城市，大城市聚集了地区城市人口的一半以上。这一时期地区首府以及矿产类城市的人口数量显著增长，如马哥尼托哥尔斯克和下塔吉尔，人口数量迅速翻番。

卫国战争时期，乌拉尔地区人口数量也出现明显增长。1941—1942年乌拉尔地区人口数量增长了162.25万，其中城市人口增长了119.03万，主要为移民增长。移民增长由三部分构成：一部分是来自西部地区疏散的企业员工及难民。至1941年年末，乌拉尔接受疏散人口约150万，还有一部分是军人。1941—1943年乌拉尔城市人口数量增长了25.3%，增长较快的地区包括斯维尔德洛夫斯克、奥伦堡、车里雅宾斯克、巴什基尔。自1943年起，乌拉尔城乡人口均出现下降态势。至1945年乌拉尔地区人口由1943年的656万减至269万，降幅达4%，且农村地区损失的人口更多。战争初期乌拉尔人口不降反增是因为西部有许多工厂被疏散到这里，分布在众多中、小城市里，从而促进了小城市的增长。1940—1945年这里有42个城镇变为城市，其中车里雅宾斯克州有14个，斯维尔德洛夫斯克州有11个，彼尔姆州有7个，库尔干州有4个，巴什基尔共和国有3个，奥伦堡州有2个，乌德穆尔特有1个。1926—1959年乌拉尔人口数量增长了4.6倍，城市人口数量增长了

[①] Оруджиева А Г. Развитие системы городов Урала в двадцатом столетии [J]. Социально-экономическое развитие современного города. Муниципалите：экономика и управление，2014（1）：68-77.

6.8倍，农业人口下降了17.8%。

(2) 20世纪下半叶

自20世纪中期起，俄欧部分城市开始转向集约化发展，乌拉尔作为工业和城建人才的培养和输出基地，城市人口失去先前的增长势头，人口开始外流。50年代末至60年代初，乌拉尔农村向城市的移民减少，城市化增长速度下降。这一时期农村人口向一些拥有新建项目的中小城市流动，大城市人口向拥有教育资源和劳动力岗位的俄欧地区城市流动。另外，这一时期国家取消了强制移民的政策以及限制农业人口流动的措施，加剧了乌拉尔人口外流的趋势，降低了本地城市人口的增长。

1959—1970年乌拉尔地区人口增长了8.4%，但增幅显著低于全俄和全苏。其中，由于人口出生率和自然增长率下降，城市人口增长了21%，农村人口减少了8%。尽管如此，人口自然增长部分弥补了地区人口外流部分，人口数量相对稳定。此期间，城市人口增长了213.09万，其中移民占1/7，大部分增长源于人口自然增长。而后由于出生率下降、死亡率上升，人口增长趋势逐渐被下降趋势取代。人口增长最明显的地区是奥伦堡州和巴什基尔，那里建立了一些工厂村，有许多大型矿产基地。企业改建或扩建带来了劳动力岗位的增加，促进了地区劳动力和人口流动。地区外移民主要来自俄欧地区的农业人口，包括伏尔加-维亚特卡区、中央黑土区、伏尔加沿岸区的农民，他们来到乌拉尔中小城市工作；乌拉尔农村人口不断减少。1959—1970年，外来移民中近一半来到乌拉尔的大城市，如叶卡捷琳堡、乌法、车里雅宾斯克、彼尔姆，还有一多半移民来到更小规模的10万~50万人口城市。据1979年人口普查，乌拉尔城市人口达1377.12万，其中的89.1%居住在城市，其余居住在城镇。1979—1989年人口向大城市集中的趋势仍在持续，大城市数量持续增长；中等城市数量和人口均在减少，不少中等城市已降至小城市之列。

1989—1999年乌拉尔与全俄城市发展趋势一样，处于城市化危机阶段，57%的城市出现人口下降。车里雅宾斯克州城市人口减少最多，其次是斯维尔德洛夫斯克。至1999年年初，车里雅宾斯克几乎所有城市均出现人口减少。斯维尔德洛夫斯克州64%的城市出现人口负增长，库尔干州出现人口负增长的城市比重为67%，彼尔姆州出现人口负增长的城市比重为56%。自1992年，乌拉尔地区多数城市出现人口自然减少。随着苏联解体，难民流和被迫移民流加剧，尽管如此，这部分人口也无法弥补地区人口减少的缺口。20世纪90年代，一些秘密的封闭行政区合法化，这类新增城市主要集中在斯维尔德洛夫斯克州和车里雅宾斯克州，斯维尔德洛夫斯克州的新增城市有列斯诺伊、新乌拉尔斯克，车里雅宾斯克州的新增城市有奥焦尔斯克、斯涅仁斯克、特廖赫戈尔内。至20世纪末，乌拉尔集中了1/3的百万人口城市，40%的城市人口居住在50万人口规模的大城市里。20世纪90年代俄联邦的社会经济危机重创了单一职能城市，因为这类城市往往只依托于一个或两个开采、冶金、木材等企业，生产下降、企业倒闭带来失业率高升，大量劳动年龄人口外流，小城市处于濒危困境。

2. 经济与社会发展特点

从经济区划来看，乌拉尔经济区人口数量达204.61万，仅次于中央区，居俄联邦第二位。该经济区在20世纪的数十年间总人口及城市人口数量均处于增长势头。自1996年起，这两个指标开始出现负值。尽管巴什科尔托斯坦共和国、车里雅宾斯克州和斯维尔德洛夫斯克州总面积占乌拉尔地区的50%，但这些地区所居住人口占整个乌拉尔总人口的60%，人口较为集中。

(1) 城市化水平不均衡

乌拉尔地区城市化水平略高于全俄总体水平，2006年该地区城市化水平为74.5%，但各地区的城市化水平并不均衡（见图4-1）。巴什科尔托斯坦共和国的城市人口比重达64.7%，乌德穆尔特共和国人口比重69.7%，库尔干州人口比重54.8%，奥伦堡州人口比重63.9%，彼尔姆州人口比重76.6%，库尔干州人口比重54.8%，科米-彼尔米亚自治区人口比重30.6%，斯维尔德洛夫斯克人口比重87.6%，车里雅宾斯克州人口比重81.3%。

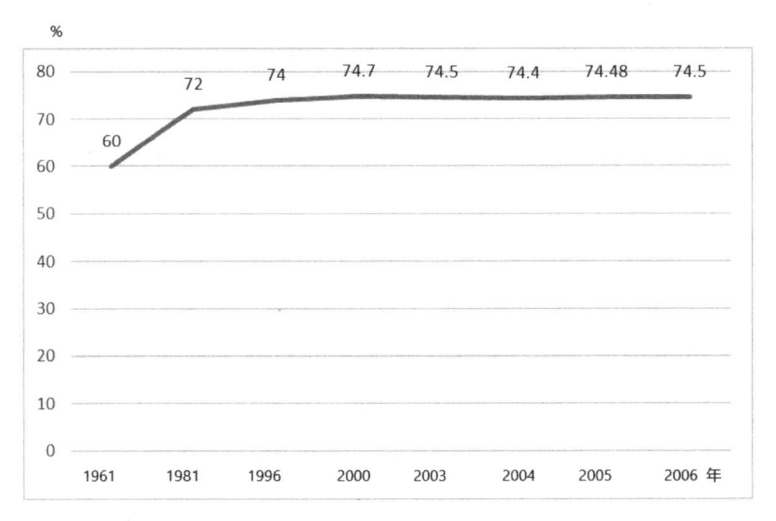

图4-1 乌拉尔城市人口的比重变化 单位：%

资料来源：根据1959年、1970年人口普查数据制作。

（2）重工业占主导

乌拉尔区地有近2/5的城市位于矿产开采地，这类城市一般由几个人口不超过5万的城镇构成，主要活动与开采业相关；此外还有超过1/10的城市居民点面向黑色冶金和有色冶金业，这类城市数量比20世纪初有所下降，因为许多城市发展成了机械制造和金属加工业中心，这类工业中心多为规模不大的城市或城镇，森工和造纸业多分布在小城市或少数中等城市中，化工业大多分布在一些大型城市居民点。

表4-5　1994年乌拉尔经济区百万人口城市的人口数量（单位：万人）

地区	百万人口城市	人口数量
乌拉尔经济区	叶卡捷琳堡	137.1
	车里雅宾斯克	114.3
	乌法	109.2
	彼尔姆	108.6

资料来源：根据1970年俄罗斯人口普查数据。

乌拉尔区各联邦主体的首府多为复合职能城市，它们大多是大型工业中心或重要交通枢纽，具有重要的政治经济作用。这些城市的人口占地区总人口的40%。乌拉尔山两侧分布着地区2/3的城市居民点，其他地区的城市居民点明显变少，多数居民点沿交通干线两侧分布。像其他地区一样，乌拉尔地区的人口也处于向心聚集阶段，不少居住在郊区的人口在大城市就业，他们定期往返于中心与郊区间。尽管乌拉尔地区农业人口的绝对数量在增长，但农业人口在总人口中的比重不断下降，该区域农业人口分布与俄欧地区也有着明显不同，小微居民点大多分布在北部及山区，这类居民点大多位于河流附近，居民多从事非农产业。农业人口一直向南移动，并且向南移民的规模呈不断壮大趋势。

（3）移民增长居主导

乌拉尔地区不同地带人口密度也有着显著不同，地区人口平均密度为25人/平方公里，车里雅宾斯克州的人口密度平均为42人/平方公里，而科米-彼尔米亚自治区为4.8人/平方公里。自1993年起，乌拉尔地区死亡人口数量超过出生人口数量，人口自然减少。乌拉尔各地区人口的自然变动也有着显著不同，1996年巴什科尔托斯坦共和国人口自然增长率为1.2‰，乌德穆尔特共和国自然人口增长3.8‰，库尔干州自然人口增长5.5‰，奥伦堡州自然人口增长3.4‰，彼尔姆州自然人口增长5.5‰，科米-彼尔米亚自治区自然人口增长4.9‰，斯维尔德洛夫斯克州自然人口增长6.5‰，车里雅宾斯克州自然人口增长5.1‰。[1] 从中不难看出，乌拉尔地区人口再生产呈收缩型模式，人口自然减少有时需要靠外来移民来补给。以2005年为例，来到乌拉尔地区的移民多于从此地移出的人口，移民顺差弥补了人口自然减少。总体上，乌拉尔地区农业人口向城市流动，人口向大城市集中，这里接纳来自西伯利亚和远东的跨地区移民。

(三) 城市生态问题

乌拉尔地区重要的经济领域为黑色和有色冶金业、金属加工、仪器制造、汽车生产、采矿设备、建设机械、能源设备、武器、无线电、通信设施、医疗设备、建材、化学化工、油气加工、食品业、金融、交通物流服务、贸易及旅游业。该地区具有独特而又雄厚的自然资源潜力，从油气资源、矿产开采至林业、耕地和淡水资源利用，形成了各类生产加工基地和科学创新产业。一些有前景的部门与农业加工、水体利用、国际物流等产业有关，机械制造和军工产业在这一地区有重要意义。由于这里形成的一些高新技术平台，多服务于科技和产业协作，这不仅扩大了科技生产，而且提高了地区的产业竞争力。

生态问题抑制着乌拉尔地区的经济发展。在2017年俄罗斯各联邦主体的生态环境排行中，乌拉尔的巴什科尔托斯坦共和国位列第56名，车里雅宾斯克州位列第85名，斯维尔德洛夫斯克州位列第84名。乌拉尔地区有13个城市被列入俄罗斯大气污染最严重的60个城市中，其中包括叶卡捷琳堡、乌法、车里雅宾斯克、彼尔姆。马格尼托格尔斯克的金属加工厂向大气排放量严重超标。此外，水污染和土壤污染也很严重，一些重金属和石油化工废弃物排入水体和土壤中，影响生态安全。

---

[1] Мазур Л Н. Эволюция расселения на Урале：концепция модернизаций [M]. Екатеринбург：Изд-ство уральского университета，2005：238-277.

乌拉尔地区只有1/5的自来水属于完全纯净饮用水，20%的水体中的淡水可以饮用。这里的自来水和排污体系存在问题，矿产开采加剧了土壤层的破坏，加剧了污染。

二、西伯利亚地区的城市化

西伯利亚是一个资源丰富、气候酷寒的辽阔地带，这里生活着少数以狩猎、饲养牲畜、捕鱼为生的游牧民族部落。西西伯利亚的蒙古-鞑靼人建立了发达的畜牧文明。15世纪蒙古-鞑靼人及突厥人建立了西伯利亚汗国，而后成吉思汗在这里建立了强大的政权。蒙古-鞑靼人建立了第一批居民点，当然这些居民点完全不能称之为真正意义上的城市。15世纪西西伯利亚建立了秋明、苏尔古特、托博尔斯克、别列佐瓦、纳雷姆、塔拉、曼卡洁雅7个城堡。[①] 这些城堡位于西伯利亚北部，基本上没有常住居民。秋明的最初原住民是300名哥萨克人，塔拉有218名哥萨克人，苏尔古特有155名哥萨克人。这些哥萨克人的主要目的是对这里进行军事管辖，巩固占领地区，然后再逐步向东推进。这只是形成城市和农村居民点的开始，因为没有农业就不会有真正意义上的经济开发。至17世纪，俄罗斯人在西伯利亚建立了28个城堡，数千名俄欧地区移民被西伯利亚的财富吸引来到这里建立城堡。最初这里经历了粮食短缺，只能从欧洲运进一部分，且运费高昂、时间漫长。至第二年春季，粮食储备已基本用光。为了确保粮食足够食用，他们开始耕地、养牲畜、垦殖草场。种植业最初属于副业，后来随着农奴的到来，这里的农业基础不断增强。随着西伯利亚铁路的建设，城市开始形成。自1897年至1914年，西伯利亚人口扩大了近一倍，城市人口翻了一番，农业居民增长了84%。

---

① Исупов В А. Урбанизация Западной Сибири взгляд историка [J]. ЭКО, 2018 (7): 7-25.

至第一次世界大战前夕，西西伯利亚城市人口比重超过了8%，出现了那个时期的大城市，形成了早期的城市格局。至1913年，鄂木斯克的人口达到13.3万，托姆斯克人口9.6万，巴尔瑙尔人口5万，秋明人口4.2万。铁路建设给城市发展带来新的动力，1911年泰加的人口达1万人，鞑靼斯克人口8000人。鄂毕河桥梁建设促进了新尼古拉耶夫斯克的快速发展。据1893年数据，建桥时村里居住人口764人；1896年桥落成时达到了5696人。1903年新尼古拉耶夫斯克被正式认定为城市，人口数量为2.2万人；1914年该城人口超过了7.6万人。至20世纪初，西西伯利亚仍是一个农业区。如果说1914年俄欧地区城市人口比重达到了14.4%，那么托博尔斯克的城市人口比重为6.8%。

西伯利亚地区的城市化不同于俄欧部分，城市居民点形成的历史更短；由于加快工业化，新城市的建立要比西部和乌拉尔更迅猛。铁路干线和油气管道建设是推动城市发展的主要因素，西伯利亚地区人口和城市沿铁路两侧分布。尽管苏联时期生产力布局的方向是均衡布局人口，但由于地区南部气候适宜，交通也更加便利，因而南部比北部开发更加成熟。由于北部地带的人口与城市发展主要通过城市居民点以及"工厂村"建设推进，因而那里分布着一些职能单一的小微城市。总的来看，西伯利亚人口稀疏，开发水平低，人口及产业分布严重不均。苏联早期，70%的乌拉尔人口分布在仅占广阔空间1%的地域内；与俄欧地区相比，城市化并不成熟，人口处于集中阶段，即从农村流向城市，从中、小城市流向大城市。

（一）城市化起步阶段（20世纪20—30年代）

西伯利亚的城市化被第一次世界大战和内战中断了两次，战争使这里的城市人口下降。1914—1917年，西伯利亚两个主要地区——西伯利亚省和托博尔斯克省的人口数量从51万减至49.4万。1918年苏俄的国内战争带来伤亡、难民流动、伤寒、霍乱等传染病也抑制了人口的发展。1920年8月28日，苏俄展开了第一次人口普查。据统计，西西伯利亚地区城市人口数量达72.7万，所辖行政区包括阿尔泰、新尼古拉耶夫斯克、鄂木斯克、托姆斯克、秋明。据1923年苏联人口普查，西西伯利亚地区官方登记人口达72.1万，部分地区人口下降。

1923—1928年西西伯利亚地区的城市开始发展，但绝大多数居民仍为农业人口。据1926年人口普查，西西伯利亚人口数量达87.7万，城市人口比重为12%；鄂木斯克人口数量达16.2万，为西伯利亚最大的城市；新西伯利亚人口数量达12万，托姆斯克人口数量9.2万，巴尔瑙尔人口数量7.4万，秋明人口数量5万，比斯克人口数量4.6万。很多称作"城市"的居民点实际上并没有达到应有水平。至1926年，西伯利亚地区有73个城市居民点，甚至还有一些人数几千人的城镇，如纳洛比哈（1227人）、纳雷姆（1000人）、科尔帕舍沃（1403人）、阿列伊斯卡亚（3401人）、古里耶夫厂（4224人）、托普卡（5261人）、卡尔古特（6582人）、伊西里库里（6313人）、卡拉钦斯克耶（4243人）等城镇。实际上，这些居民点未及1.2万人，只是接近城市标准，如普罗科皮耶夫矿（10717人）、科雷万（8081人）、鲁布佐夫（15904人）、兹梅伊诺戈尔斯克（9804人）、安热尔卡（19313人）、苏德任卡（10886人）。继1926年全苏人口普查后，西西伯利亚城市人口增长速度缓慢。1929年年末西伯利亚城市人口超过110万，城市人口比重达13%；新西伯利亚人口数量达13.4万，鄂木斯克人口数量12.3万，托姆斯克人口数量10.1万，巴尔瑙尔人口数量8.2万，比斯克人口数量5.3万。

(二) 城市化加速阶段（20世纪30—40年代）

20年代末至30年代初，苏联进入工业化加速发展阶段，这一时期西伯利亚城市人口数量激增。加速工业化战略提升了西伯利亚作为资源输出地的战略地位，这里的开采业、冶金业、机械制造、化工业快速发展，也带动了地区经济、社会及文化的发展。这一时期西伯利亚西部地区人口快速增长。据1939年人口普查，城市人口数量增至260万。1926年至1939年城市人口数量翻了一番，城市人口比重从12%增至29%。

在第一个五年计划期间全苏重要的开采—冶金中心——库兹巴斯诞生。这里建立了库兹涅茨克冶金厂，并迅速发展为全苏工业枢纽。1926年该市居住着12万人，至1939年该市居民已经达到91万。斯大林斯克（现新库兹涅茨克）的人口增速也令人瞠目，1926—1939年该市人口扩大了41倍；普罗科皮耶夫卡人口增长了9倍，克麦罗沃人口增长了5倍，列宁斯克-库兹涅茨克人口增长了3倍，安热罗-苏真斯克人口增长了1倍。就地区人口分布的总体状况来看，1939年西伯利亚有55%的人口居住在城市和城镇。

当西西伯利亚大城市发展为工业、交通、文化和行政中心后，人口增长极其快速。1926—1939年新西伯利亚人口增长了2倍，巴尔瑙尔人口增长了1倍，鄂木斯克和比斯克人口增长了1倍。托姆斯克由于远离西伯利亚大铁路，距离农业加工以及工业中心——秋明也较远，人口增速相对较慢。该市人口在1926—1939年增长了60%。

表4-6 1926年、1937年、1939年西伯利亚人口动态

城市	1926年（万人）	1937年（万人）	1939年（万人）	1939年比1926年人口增长幅度（%）
新西伯利亚	12.06	36.01	40.44	235.3
鄂木斯克	16.17	27.05	28.89	78.7
斯大林斯克	0.39	15.81	16.57	4148.7
巴尔瑙尔	7.39	11.82	14.82	100.5
托姆斯克	9.23	13.45	14.51	57.2

续表

城市	1926年（万人）	1937年（万人）	1939年（万人）	1939年比1926年人口增长幅度（%）
克麦罗沃	2.17	12.47	13.28	512
普罗科比耶夫斯克	1.07	9.67	10.73	902.8
列宁斯克-库兹涅茨克	1.96	6.00	8.27	321.9
比斯克	4.56	7.29	8.03	76.1
秋明	5.03	7.65	7.92	57.5
安热罗-苏真斯克	3.02	6.79	6.9	128.5

资料来源：1926年全苏人口普查，第4卷，1928年版，第102页；1926年全苏人口普查，第6卷，1928年版，第9、10页；1937年全苏人口普查综述，1991年版，第65页；1959年全苏人口普查，1963年版，第36、37页。

西西伯利亚人口布局的重要特点是人口向大城市集中。1939年西西伯利亚有11个5万人口以上的城市，集中了本地区66%的城市人口，小城市和工厂村中的人口比重下降；1926年1万~2万人口的城镇中所居住城市人口占了本地区城市人口的20%，1939年该指标降为12%。随着西伯利亚自然资源的开发，新矿山、新工厂和新电站的相继建立，以这些产业为基础形成了一些新城市和新城镇，有的城镇以现居民点为基础，还有一些城镇凭空产生。1926年西伯利亚［包括萨哈（雅库特）共和国］共有111个城市居民点，1933年这一指标达163个，1939年为200个。1926—1939年西伯利亚共出现89个新城市，包括73个工厂村和16个城市。

仅凭城市内部资源无法保障工业对劳动力日益增长的需求，自20世纪20年代末开始，由于出生率下降和死亡率上升，城市人口自然增长数量快速下降，大规模的外来移民成为这里工业加速发展的重要条件。在苏联时期的集体化政策下，农业人口流向城市。西伯利亚成了俄欧部分富农流放地，外来人口加速了这里的城市化。1926—1939年移民在城市人口增长中的比重超过了72%，至20世纪30年代，农业移民成了城市人口的主要来源。据1931年库兹巴斯展开的人口普查，该市居住时间不足3年的居民来自西伯利亚农村的比重占87%。1933—1937年西伯利亚接纳了450万人，其中270万来自农村，占比达60%。20世纪30年代来到西伯利亚的移民大多为农村边缘化人口，他们保留着先前的生活方式。从社会心理和生活方式来看，他们成为真正意义上的市民还需要几十年的时间。这种加速而又无序的城市化带来大量的经济问题和社会问题。在大型工厂、矿山附近形成的居民点只是徒有城市的称谓，并非真正意义上的城市。板棚、临时居所、简易木屋是这些农村移民的城市居所。国家主要资源都用于工业，住房、公用事业、交通体系、文化生活、医疗保健等社会基础设施建设都处于百废待兴中。

住房公用事业的建设也体现出西伯利亚城市化硬件水平发展的迟缓问题。1935年西西伯利亚区委书记在向上级汇报时指出，"西西伯利亚住房、公用事业以及居民保健和文化设施严重落后于边疆区总体工业发展和城市增长"。报告中还具体指出了克麦罗沃有75%的城市居民住在板棚、农舍和地窖中，基谢列夫卡有40%以上的住房是板棚和地窖。1936年在西伯利亚最大城市——新西伯利亚只有36%的房屋有自来水管道，29%的房屋有排污系统，25%的房屋有中央供暖系统。鄂木斯克的相应比重分别为19%、9%和13%。1939年年末克麦罗沃市委书记在工作报告中也指出了工业建设和文化生活投资比重失衡问题："克麦罗沃新建了一系列企业，但实际上城市中没有社会文化设施项目，现有资源只允许用来工业建设。"因而，在20世纪上半叶西西伯利亚多数城市还不能称作完全意义上的城市，但也不能将其视为农村，因为居民主要在非农领域就业。实际上,这些居民点中生活和劳作着昔日的农民,他们已经脱离昔日的农村,但还没有转变成市民阶层,不具备城市生活观念。

综上所述,在加速工业化时期西西伯利亚城市化的主要特点是国家将所有资源优先投入重工业领域,其他方面则处于滞后状态。值得注意的是,这种准城市化不只是对于西西伯利亚而言,在其他地区,包括乌拉尔和东西伯利亚,甚至俄欧部分地区都存在这种准城市化的特点。在西西伯利亚,这种特点比欧俄地区更加明显;在西西伯利亚的库兹巴斯,这一特点达到了极其严重的程度,直至20世纪50年代,这一问题才有所改观。

(三)城市化稳步发展阶段(20世纪60—80年代)

在苏联时期的东部大开发政策推动下,人口主要沿西伯利亚铁路线分布。由于人口密度低、北部地区开发难度大,人口向南部集中,这使得南部的城市发展更加顺利。在西伯利亚北部地区城市分布十分稀疏,通过建设工厂村和小城市、农村向城市改制等形式形成城市。西伯利亚新开发地区地域广阔,工业化的发展吸引了大量农村人口。至20世纪70—80年代西伯利亚城市人口增长了550万人。

20世纪80年代末,由于苏联生产力布局优先原则,城市人口增长很大程度上受国家战略影响。西伯利亚各地工业化水平不一,西西伯利亚的秋明州、托姆斯克州、阿尔泰边疆区工业化速度较快,而东部的克拉斯诺亚尔斯克边疆区和伊尔库茨克州城市人口增长较快,1970—1985年该地区城市人口增长了35.8%,而这一时期全俄城市人口增长仅为28.2%。应该指出,这一时期西伯利亚人口流动性增强,这首先与生活水平提高有关。尽管人口流动过程并不能直接体现社会经济形势,但二者之间有直接的相关性。因此,20世纪70年代西伯利亚城市所达到的经济发展水平直接影响着城市人口发展、社会人口结构和人口教育水平。工业化是这一时期城市化的主要驱动力。工业扩大了老城市的经济基础，形成了大部分新城市和工厂村，这些新城市多数为单一职能城市。有许多新城市为依附于工厂和企业的大型集体宿舍，主要居住着从事体力劳动的农民，社会基础设施不足。工厂村的建设本着剩余原则，它们主要是为了解决经济任务而建。20世纪70—80年代，移民是西伯利亚城市人口增长的重要来源，是人口发展和工业开发的重要因素。移民很大程度上满足了当地的劳动力需求，保障了地区必要的劳动力资源。据让·阿·扎伊翁夫斯科夫斯卡娅（Ж. А. Зайончковская）的估测，移民保障了苏联城市人口增长的80%，保障了西伯利亚、乌拉尔和远东城市人口增长的70%。需要着重指出的是，早在20世纪60年代西伯利亚就已出现了人口外流趋势。据苏联统计局数据，1966—1974年西伯利亚人口外流超过人口流入数量72万，大部分劳动年龄人口去了劳动力短缺的中亚和高加索地区。

西伯利亚人口与经济发展的重心主要分布在南部，人口聚集在新西伯利亚、托姆斯克、克麦罗沃、新库兹涅茨克、巴尔瑙尔一带，西部的鄂木斯克和东部的克拉斯诺亚尔斯克的人口也在向这一方向集中，西伯利亚南部城市带形成了以鄂木斯克—新西伯利亚—克拉斯诺亚尔斯克为中心的发展轴。西伯利亚南部的主要经济部门是自然资源加工产业，包括有色冶金和黑色冶金业、合金生产、机械制造、火箭制造、飞机制造、航空仪器制造、原子工业、核废料加工、生化和制药业、农业设备生产、农产品加工、食品加工、交通和物流、科学研究、技术创新、教育服务以及计算机程序服务。在全球劳动力分工中，西伯利亚南部充当着自然资源供应者的角色。这里缺少便捷的交通，缺少高速公路和高铁，这在一定程度上阻碍着地区的经济发展。另外，这里一些大型采煤企业、黑色和有色冶金业、热电站等企业给环境带来污染，影响了生

<<< 第四章 地理学视角下俄罗斯的城市化与城市化相关问题

态。一些大城市，如巴尔瑙尔、克麦罗沃、克拉斯诺亚尔斯克、新库兹涅茨克、新西伯利亚、托姆斯克、鄂木斯克在全俄大气污染城市排名中居前60位，克拉斯诺亚尔斯克、诺里尔斯克、米努辛斯克、列索辛比尔斯克、新库兹涅茨克在俄联邦水文气象局与大气污染排名中居前列。①

第三节 俄罗斯远东城市化

从史学视角来看俄罗斯城市化的特殊性在于国家行政因素对城市的形成与发展有着重要的作用。俄国的早期城市大多是一些军事据点，这些据点最先受到国家认可，而后又逐渐发展成为具有经济、文化和社会功能的真正意义上的城市。苏联时期大部分城市没有达到西欧国家的城市标准。远东的城市更加鲜明地凸现了这些特点，如符拉迪沃斯托克、尼古拉耶夫斯克、布拉戈维申斯克、哈巴罗夫斯克，最初这些城市都是行政意义上的城市，经过较长时间的发展以后，才形成具有综合功能的复合型城市。

20世纪远东发展受苏联对外战略和生产力布局的影响。由于远东面向亚太，具有重要的地缘政治意义，向东移民成为苏联对外战略的重要内容。在苏联生产力布局和劳动力分工体系中，远东作为原料产地的定位决定了其经济、城市发展和人口布局。20世纪上半叶，国家作为城市建设主体在城市发展中起了主导作用。20世纪下半叶，远东经济开发成为城建的主要动力。在加速工业化过程中，远东出现了一批工业城市，如阿穆尔共青城、苏维埃港、阿尔乔姆、马加丹等，它们都是基

---

① Ефимов В С, Воронов Ю П, Лаптева А В. и др. Сибирский федеральный университет Сибирь и Дальний Восток в XXI веке: Красноярский Экономический Форум [R/OL]. http://congress.sfu-kras.ru/files/.

于某一领域的产业发展而建立起来的。

一、远东城市化阶段划分

如果说俄罗斯欧洲部分的城市体系一定程度上基于商品和市场关系而建立，那么俄罗斯亚洲部分城市则主要是工业化的衍生品，城市形成更多地受人为因素的推动。苏联时期城市化模式为远东城市化危机留下了隐患，尤其在北部，大量单一职能城市因劳动年龄人口外流而逐渐消亡。从城市化发展阶段来看，20世纪远东城市化大致分为粗放发展阶段、向集约化转变阶段、城市化危机阶段，但苏联时期城市集约化过程没有最终完成，多数城市没有发展成为综合型城市，不符合真正意义上的城市标准。

（一）粗放式发展（20世纪20—50年代）

1. 城市人口比重激增

20世纪上半叶，远东城市人口比重快速增长，城市人口增速明显高于农村。1926年远东城市人口占总人口的23.4%。至1939年，远东城市人口增长了2.4倍，而农村人口仅增长了50%。远东城市人口增长来源主要是那些来自中部地区的被驱逐移民。据专家估算，在20世纪20—30年代，到远东城市及工厂村劳动的移民大约有200万人。据不完全统计，1925—1937年，在赴远东的17.58万移民中，75%以上为20世纪20年代的政治犯。由于远东条件艰苦，城市移民平均回迁率高达37.3%以上。尤其在1928—1941年，在来远东滨海边疆区城市及城镇的108.17万移民中，回迁率高达71.9%。[1]

---

[1] Наталья Кульнич. Проблема "закрепляемость" населения Дальнего Востока России: исторический аспект [J]. Власть, 2008 (9): 102.

2. 新城市不断涌现

第二次世界大战后，重建欧洲领土上的城市成为苏联执政者的主要任务，远东城市发展受到忽视。1946—1959年，远东城市数量激增，新建了24座城市。这主要是因为战后萨哈林岛有15个居民点被直接赋予了城市地位。由于南萨哈林并入苏联，大量人口向岛上移民，为城市的确立奠定了基础。但苏联后期的经济政策很大程度上忽略了萨哈林的发展，最后只保留了南萨哈林斯克、霍尔姆斯克等少数城市，多数城市处于萧条或濒临灭亡状态。直至20世纪50年代，苏联执政者才开始重新发展远东，划拨资金发展远东经济。纳霍德卡就是在这一时期建立和发展起来的。该港口始建于1939年，但由于卫国战争爆发，该城市建设被迫终止，至1944年城建过程才被恢复。1949年8月，苏联部长会议批准了纳霍德卡工厂村建市规划。当时纳霍德卡村只有2万人口。1949年11—12月，来自俄罗斯西部的4500名工人参加了纳霍德卡市建设。1959年纳霍德卡的人口达6.4万，1970年该市人口增至10.4万。纳霍德卡的快速发展得益于其地处港口的天然优势，该市的海洋捕捞、造船业及船务公司发展迅速。

3. 国防与开采业快速增长

20世纪初远东经济主要以农业为主，1928年远东工业人口占就业总人口的9%；地区工业产值仅为6100万卢布，比1913年远东工业产值还要低300万卢布。远东主要产业为开采业、水泥生产、捕捞业以及伐木业等。20世纪20—30年代，远东主要面向自然资源的大规模开采，常住人口不多，工业化速度超过了人口增长速度，地区内部的农业移民保障不了城市的劳动需求，劳动力不足主要通过周边国家的劳工来弥补。1925—1926年，远东54%的金矿工人、30%的木材采伐工人、50%的煤矿工人都是中国劳工。[①] 后来出于地缘政治和国家安全考虑，苏联执政者鼓励中西部地区的技术熟练工人以家庭为单位向远东移民。为了促进有技能的劳动力向远东移民，1927年苏联出台《国家机关和企业赴偏远地区工作提供优惠政策补充决议》，提高了专业人才在远东的工资标准及生活待遇。

20世纪30—40年代，远东工业高速发展，阿穆尔共青城建立了冶金、石油加工厂和造船厂；哈巴罗夫斯克、符拉迪沃斯托克、布拉戈维申斯克等地建立了机械制造厂；煤炭开采业及木材采伐业得到快速发展，建了新电站、铁路及公路。远东北部的马加丹州和萨哈（雅库特）共和国建立了大型金矿和锡矿。1928—1932年远东重工业投资占总投资的70%以上，个别年份比重高达90%以上。20世纪30年代下半叶，被驱逐人口大规模来到远东，成为远东经济开发的重要力量，为奠定远东工业基础做出了重大贡献。

20世纪40—50年代，俄罗斯中部地区的一系列国防企业疏散到远东。远东主要面向国防需求建立了一系列机械制造企业和原料开采企业。阿穆尔共青城的冶金厂开始启动，萨哈林至阿穆尔共青城之间的油气管道开始投入建设。这一时期的发展奠定了远东经济的基础。第二次世界大战后，尽管远东的投资额仍保持较高水平，但投资额出现大幅缩减，仅为战前水平的一半。这一时期远东经济增速比全苏低3.3%，但地区经济的绝对指标仍在增长。至20世纪60年代初，远东经济增速超过了与其相邻的东西伯利亚经济区。至20世纪60年代中期，远东工业产值增长比全苏高0.3%，成为苏联经济链条中的原料供应地，与全苏经济紧密结合在一起。这一时期远东城市发展迅速，城市数量、硬件设施和城市职能得到充分发展。如果说20世纪上半叶国家行政作用对远

---

① Вологдина Е С. Государственная политика по закреплению на Дальнем Востоке России семьй промышленных переселенцев в 20-30-х годах XX века [J]. Научные ведомости，2010（19）：197.

东城市化起主要作用的话,那么在20世纪下半叶工业化、大型基建项目等经济驱动力对城市发展起的作用更大。工业化过程中远东涌现的新城市有苏维埃港、马加丹、阿穆尔共青城等。远东工人的居住条件也得到了改善,他们从宿舍搬进了独立住宅,城市环境得到逐步改善。[1]

(二)向集约化转变(20世纪60—80年代)

自20世纪60年代起远东城建速度趋缓,开始了集约化发展。远东住房建设与社会文化领域在这一时期得到加快发展,城市人口生活质量普遍提高。20世纪60—90年代,远东建立了10座城市,如阿纳德尔、洁雅、阿穆尔斯克、腾达等。阿穆尔斯克人口从1959年的3500人发展到1989年的6.2万人,30年内增长了16.7倍。这一时期城市人口增长的主要动力在于国家大型基础设施项目建设。20世纪50年代末,阿穆尔斯克建立了纸浆加工厂,1973年该镇获得了城市地位。腾达市始建于1974年,最初作为贝阿铁路建设指挥部设立。阿穆尔斯克和腾达的工业建设吸引了大量移民,城市人口迅速增长。

1. 工业中心向多样化城市发展

大城市优于中、小城市的主要原因在于大城市经济职能多样化。这些大城市的经济基础往往依赖于一些大型国民经济企业,还有一些中、小企业与这些大型企业并行完成城市基础设施建设的任务。食品加工业和轻工业也是城市经济体系中不可或缺的部分,这些产业推动着城市的整体发展。大城市中的住房、文化设施、教育、卫生、娱乐、保健等社会服务功能更加完善,科技和教育使大城市功能更全面。因而,大城市比小城市或村镇能够给居民提供更多的机遇。城市之所以吸引人在于城

---

[1] Власов С А. Становление и развитие городов на Дальнем Востоке России во второй половине XX века. Социальные и демографические структуры [J]. Ойкумена, 2013 (2): 103-112.

市生活比农村生活更加丰富多彩，城市为提高人的教育水平和职业素养提供更多机遇，能够为年轻人更换工作、提高自身社会地位提供更大的成长空间。

这一时期远东各地区的首府开始向复合型城市发展。在远东各类城市中，边疆区、州的首府人口增长更加迅速。执政者也更加关注各地区首府的住房保障和服务设施建设。苏联部长会议曾出台专项决议发展符拉迪沃斯托克、为居民建设文化服务设施。远东其他地区的首府，如布拉戈维申斯克、哈巴罗夫斯克、马加丹、堪察加-彼得罗巴甫洛夫斯克、南萨哈林斯克，也在这一时期集中资源建设住房、发展城市基础设施和文化设施。这些举措促进了城市人口的稳定增长。

表4-7　20世纪下半叶远东主要城市的人口变化

（单位：万人）

首府城市	1959年	1970年	1979年	1992年
布拉戈维申斯克	9.5	12.8	17.2	21.4
符拉迪沃斯托克	39.7	44.2	54.97	64.8
马加丹	6.22	9.2	12.12	15.2
堪察加-彼得罗巴甫洛夫斯克	8.6	15.4	21.49	27.26
哈巴罗夫斯克	32.3	43.6	52.78	61.46
南萨哈林斯克	8.55	10.58	13.98	16.48

资料来源：Власов С. А. Становление и развитие городов на Дальнем Востоке России во второй половине XX в. Ойкумена ［EB/OL］. 2013 . No2. http：//www. ojkum. ru.

2. 经济增长与城市发展

20世纪70年代，远东经济增长落后于全苏平均水平，只有部分产业保持高速增长。远东经济减缓原因在于廉价原料来源减少、技术更新缓慢。国家投资减少以及地区粗放型发展模式制约了地区经济的进一步增长。在计划经济体制下，由于远东自然条件艰苦、产品成本高以及低定价等因素，远东经济带有高消耗性，产品成本高于全苏平均水平。这是因为这一地区人员工资、原料成本、交通费率均高，并且技术更新落后。1975—1985 年远东经济增长落后于全苏，工业生产增速比全国落后 1.6%。至 1985 年，远东 30% 以上的工业产值来自开采业，鱼类和海产品占全苏工业产值的 40% 以上，木材采伐业占全苏工业产值的 13%。远东开采了全苏 80% 的锡矿、90% 的硫黄矿、50% 的金矿、14% 的锰矿。

1987 年通过的《2000 年远东长期发展纲要》指出，计划通过国家投资和地区资源提高远东经济效率。这期间远东经济按惯性发展，维持在年均 4.4% 的经济增长速度。1988 年远东工业生产下降，远东经济陷入持久性危机，尤其是燃料动力综合体。该领域的危机不仅影响到地区工业，还影响到一些社会规划的实施。

20 世纪远东的城市发展与全苏的国家战略、经济开发、工业化进程密不可分。远东城市的形成与发展不是基于经济需求，而是立足于国家的军事和政治战略，因而远东城市并不是自发形成，而是带有了更多的人为因素。20 世纪 50—80 年代是远东城市形成和迅速发展的时期，城市和人口不断扩大，居民住房条件和社会文化设施也得到全面发展，城市化质量层面得到一定程度的提升。

（三）城市化危机（20 世纪 90 年代迄今）

自 20 世纪 90 年代以来远东人口外流，人口数量急剧减少，城市人口潜力耗尽，城市化前景惨淡。俄罗斯学界通常把 5 万人口以下的城市定义为小城市，5 万~10 万人口的城市定义为中等城市，10 万~25 万人口的城市定为大城市，25 万~50 万的城市定为较大城市，50 万~100 万的城市定为更大城市。远东缺少百万人口城市，只有符拉迪沃斯托克和哈巴罗夫斯克两个 50 万以上人口的大城市，多数为中小城市。

1. 人口形势恶化、城市人口外流

俄罗斯很多职能单一城市在没有开始集约化发展阶段前就已经面临消亡的命运了。苏联解体以后，远东城市化呈现出一系列危机形势。首先，远东的人口数量从1991年的806万降到了2017年的620万，人口数量减少了20%。相比其他联邦区，远东人口下降程度比全俄更加剧烈。1992—2017年，远东人口减少占全俄人口减少数量的42.3%。其次，远东城市人口减少占人口减少总量的75%，而全俄城市人口减少占人口减少总量的49%。在此期间，远东城市人口在全俄城市人口中的比重下降最为显著，下降幅度超过远东人口占全俄人口比重的下降幅度。[①] 传统上，远东城市人口比重比全俄更高。

2. 多数地区城市人口比重下降

20世纪末远东城市人口比重与全俄指标逐渐接近，前者出现下降，后者出现上升。1992年远东城市人口比重超过全俄指标2.3个百分点。2017年远东城市人口比重超过全俄指标1.4个百分点。远东城市人口比重为75.7%，城市人口比重较低的地区有犹太自治州和阿穆尔州，犹太自治州的城市人口比重为68.6%，阿穆尔州为67.3%。主要原因在于这些地区传统上属于农业区，因此农业人口比重相对较高；另外，萨哈（雅库特）共和国和楚科奇自治区的土著民族很大程度上保持着农业生活习惯。俄罗斯族在远东的大部分地区占主导地位，城市化水平较高，非农产业在经济中占比较高。但自20世纪末以来远东部分地区出现城市人口比重下降趋势，部分因素在于农业经济潜力下降、人口外流。

20世纪90年代，远东城市化陷入危机，人口迅速外流，尤其在中小城市人口无以为继，北部地区城镇甚至面临消亡的命运。地区人口分

---

① Дмитриев Р В. Развитие процессов урбанизации в Дальневосточном федеральном округе в постсоветский период [J]. Уровень жизни населения регионов России, 2017（2）：83.

布更加不均衡，农业人口比重下降超过30%。远东各联邦主体城市人口变化系数一直高于地区总人口变化系数，1990—2017年农业人口变化系数高于城市指标（见图4-2）。

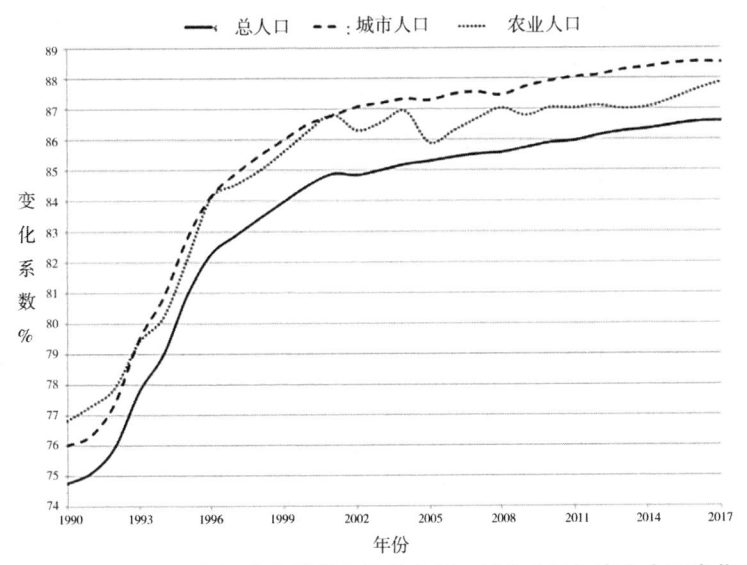

图4-2 1990—2017年远东各联邦主体总人口、城市人口与农业人口变化系数

资料来源：Дмитриев Р. В. Развитие процессов урбанизации Дальневосточном федеральном округе в постсоветский период. Уровень жизни населения регионов России №2. 2017г. с. 84。

远东城市人口增长主要因素在于移民与人口自然增长。在不考虑行政改制的情况下，远东各地区城市人口可以用人口自然增长率和移民增长率两项指标来衡量。值得注意的是，人口外流对远东城市人口增长带来不利影响。1990年滨海边疆区城市人口是唯一保持了移民增长趋势的联邦主体，2015年楚科奇自治区城市人口增长的决定因素在于移民。1990年和2015年，除了犹太自治州和滨海边疆区城市人口处于增长态势外，其他地区人口尽管存在自然增长趋势，但城市人口均为下降态势。

表 4-8 远东城市人口变化的主要影响因素

	相关因素	1990 年	2015 年
增长	人口自然增长、移民增长	滨海边疆区	楚科奇自治区
	人口自然增长、移民负增长	阿穆尔州、犹太自治州、堪察加边疆区、萨哈（雅库特）共和国、萨哈林州、哈巴罗夫斯克边疆区	
减少	人口自然增长、移民负增长	马加丹州、楚科奇自治区	阿穆尔州、马加丹州、哈巴罗夫斯克自治区
	人口自然减少、移民负增长		犹太自治州、滨海边疆区

资料来源：根据 2010 年俄罗斯人口统计年鉴制作。

1992—2017 年，远东各联邦主体中城市人口比重增长地区有滨海边疆区、哈巴罗夫斯克边疆区。传统上，人口自然增长率较高的地区有萨哈（雅库特）共和国、阿穆尔州。从城市人口分布来看，2005—2015 年城市人口向大城市或超大城市流动，中小城市人口外流。

苏联解体以来，城市化质量层面指标没有明显提高，因为俄罗斯宏观经济形势不景气，并且远东气候寒冷、位置偏远，这些不利因素阻碍了远东经济发展。俄罗斯总统普京指出，远东有必要发展出口导向型经济，融入亚太经济一体化中去。2012 年，亚太经合峰会在符拉迪沃斯托克召开推动了滨海边疆区的城市建设，从目前俄罗斯向东看政策的实施来看，这些政策措施产生了一定的经济效应，吸引了更多投资，扩大了地区产值，但尚未出现预期的社会效果，一定程度上，人口外流仍在持续。

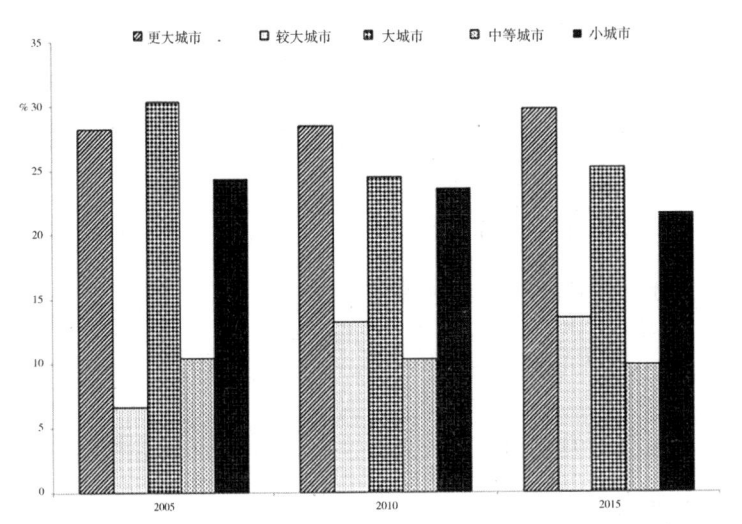

图4-3 2005—2015年远东各类城市居民占城市人口总量比重（单位：%）

资料来源：Сидоркина З И., Цициашвили Г Ш. Определение факторов стабильности в динамике численности населения городов Дальнего Востока http://www.izdatgeo.ru/pdf/gipr/2009-4/129.pdf。

二、远东城市化特点

基于远东的经济角色和地缘战略地位，苏联时期来自中西部地区的大量移民来到远东，加入远东工业化生产和西伯利亚铁路建设中去。苏联解体后，远东城市化陷入深重的危机——人口大量流失，农业移民潜力耗尽，先前计划经济下形成的相对均衡的人口布局遭到破坏。从城市人口比重来看，远东城市人口比重高达75.7%，高于全俄平均水平，但从城市人口规模来看，远东大部分城市处于所在城市类型的人口标准下限。实际上，远东66个城市中只有40个城市符合标准，只有63%的居民可以被认定为城市居民；有50个城市人口规模不到1.5万人，16个城市人口规模不到1万人，6个城市人口规模不到5000人。

除了考量城市人口比重的变化外，为了更全面地衡量远东城市化水平还需考虑以下几方面,包括行政区划、人口地区分布、城市覆盖面积、人口密度、移民流动、大城市人口的聚集程度等。由于地区开发水平、人口分布和交通网密度不同,远东城市分布极不均衡。按地理条件与经济发展水平,远东城市发展的南北差异显著。南部开发较早,生活条件便利,城市更集中;而北部人口呈点状分布,十分稀疏,城市居民点大多邻近采矿产地和工业交通枢纽。

(一)城市及人口分布失衡

远东城市分布及人口分布南北不均,远东南部只有符拉迪沃斯托克和哈巴罗夫斯克两座50万以上人口的大城市;较大城市有8座,占城市人口总量的12%。远东绝大多数城市为中、小城市,中等城市为11座,占城市人口总量的16.7%;小城市数量为45座,占城市人口总量的68%。城市分布也极不均衡,北部地区较大城市为雅库茨克,与符拉迪沃斯托克、哈巴罗夫斯克不同,该城市交通条件和气候条件十分恶劣,但矿产资源丰富,不少开采企业位于这里。南部人口聚居地区的面积仅为远东的5%,但人口主要集中在这里,经济更加发达;近1/3的城市居民分布在大城市里。

远东人口主要集中在大城市中,城市的平均人口规模均为所属城市类型的底线。据2002年全俄人口普查,远东小城市中共居住着100.16万人,占远东城市居民的24.3%,小城市平均人口规模为2.08万人;中等城市的平均人口规模为6.91万人,占远东城市人口的13.4%;10万~50万人口的大城市中集中了139.06万人,占远东城市居民的33.7%;符拉迪沃斯托克和哈巴罗夫斯克两座大城市中居住着28.6%的地区居民。[1]

远东南部小城市邻近运输干线和大城市,社会经济功能相对齐全,

---

① Колбина Е О, Найден С Н. Эволюция процессов урбанизации на Дальнем Востоке России [J]. Пространственная Экономика, 2013 (4): 44-69.

城市设施较为发达。北部小城市则交通不便，功能单一。远东不少中等城市是工业中心、邻近首府。加工业、燃料、电力以及贸易是中等城市的重要支柱。符拉迪沃斯托克和哈巴罗夫斯克是远东交通物流的两大枢纽，也是地区的社会经济和文化教育中心，人口更加集中。据1994年人口调查，远东城市人口的50.9%居住在地区首府。

表4-9 远东各地区首府城市人口规模

(单位：万人)

联邦主体	首府城市	人口数量
萨哈（雅库特）共和国	雅库茨克	19.2
犹太自治州	比罗比詹	8.3
楚科奇自治区	阿纳德尔	1.4
滨海边疆区	符拉迪沃斯托克	62.4
哈巴罗夫斯克边疆区	哈巴罗夫斯克	61.4
阿穆尔州	布拉戈维申斯克	21.4
堪察加州	勘察加-彼得罗巴甫洛夫斯克	20.8
科里亚克自治区	帕兰加	0.42
马加丹州	马加丹	13.3
萨哈林州	南萨哈林斯克	17.8

资料来源：根据俄罗斯联邦统计局网制作 http://www.gks.ru。

(二) 城市人口大量流失

远东各地城市化水平并不均衡，一些城市的人口增长来源于其他地区城市的人口下降，地区的城市化很大程度上受历史上人口发展、工业布局以及交通路线建设的影响，城市布局分散。各城市的人口规模、交通状况、经济发展水平、社会基础设施以及周边地区的人口分布也有很大差异。大城市中的人口流动呈现向心化，中、小城市中离心和向心两种趋势并存。

1979—1989年，远东城市人口增长了94万，增幅为18.5%，其中人口增长的58.3%有赖于自然增长，移民增长对人口增长的贡献率为35.6%，行政改制对人口增长的作用为6.1%。1989年远东城市居民年均增长为1.5%。与上个十年相比，1979—1989年城市增长减缓了0.4%。人口自然增长贡献率为53.3%，移民对城市人口增长的贡献率为12.5%，行政改制的作用扩大到34.2%。1990—1992年，由于人口自然增长，城市人口数量保持稳定。1990年远东城市人口自然增长人数为3.87万人。1993年在移民外流和人口自然减少因素的共同影响下，远东城市人口首次减少了10.1万人。1993—2003年，远东城市人口数量减少了90万人。

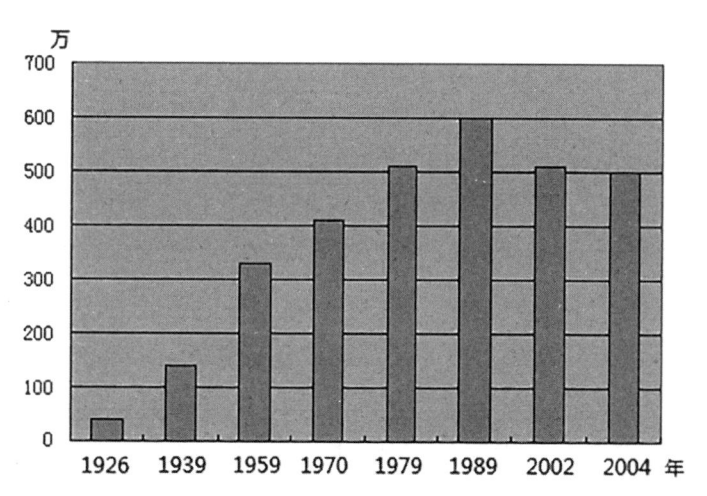

图4-4 1926—2004年远东城市人口数量动态（单位：万人）

资料来源：根据俄罗斯统计局网数据制作 http：//www.gks.ru。

俄罗斯向市场经济的激进转型破坏了远东地区间的产业关系，工业产品需求下降，社会经济状况恶化，居民生活水平急剧下降。从20世纪90年代至21世纪初，萨哈（雅库特）共和国由于物资供应困难、基础设施老化、产业重组等原因造成40多个居民点消亡。经济困难导致远东人口向其他联邦区移民或向南部移民。1989—2010年，远东北部流失人口110万，降幅达33%，人口向首府集中，经济中心城市人口占总人口的比重从29%快速增长到35%。

(三) 农业人口潜力不足

苏联时期远东农业人口增速显著低于城市人口。1926—1989年远东农业人口浮动在120.4万~192.3万人。1926—1939年农业人口增长了38.7万，增幅为32.1%，这主要是因为少数外来移民加入农业集体化运动中带来的增长。至1959年农业人口减少了2.2万，至1989年出现缓慢增长。1994年远东农业人口稳定在180万~190万，此后农业居民数量下降：1995年远东农业人口为184.7万，2000年降至173.0万，2002年再降至161.1万，2004年降至159.1万人，未来远东农业人口将继续减少（见图4—5）。

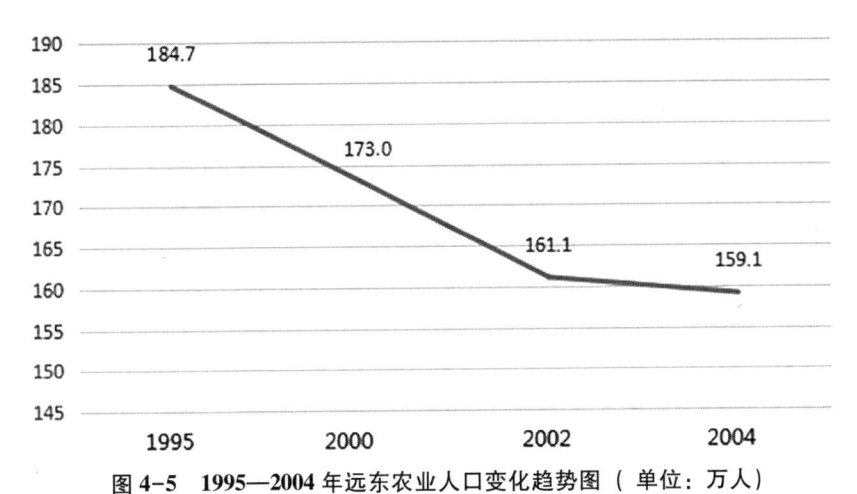

图4-5 1995—2004年远东农业人口变化趋势图（单位：万人）

资料来源：根据俄罗斯统计局网制作 http://www.gks.ru。

远东农业人口变化趋势反映出地区农业发展落后的问题。1989—2002年由于人口自然减员和人口外流，远东农业人口不断下降，下降幅度高达16.2%，并且外流人口大多是年轻人，对地区的社会经济发展十分不利。另外，农村中育龄女性越来越少，人口潜力不断下降。按1989年人口普查，远东农业人口中20~44岁的女性仅为36.39万。至2002年，该年龄组人口减至28.32万人；至2004年，该年龄组人口又减少了0.64万。2015年远东农业人口仅为130万~140万人，并且老年人占农业总人口的14.5%，相当于七分之一的农业居民都是老年人。

农业居民点数量也在持续下降：1979年远东农业居民点为3301个，1989年为2957个，2002年为2624个。在农业居民点中，10人以下、1001~2000人、2001~5000人的居民点降幅更加显著，人口减幅更是达三分之一。较稳定的居民点为200~500人的居民点，在1989—2002年期间，这类居民点的人口数量甚至增长了0.5%。1989—2002年，人口损失最多的是1001~2000人和2001~5000人的居民点，降幅分别为28.6%、28.5%。

远东农业居民点的另一个显著特点是近三分之一的居民与农业经济关系不大，通常与通信业有关，这些农业居民主要是工业企业或工厂职工。北部农业居民点数量减少最为明显。与先前相比，1989年远东登记的居民点数量减少了三分之一。马加丹州和楚科奇自治区居民点数量下降更加显著。这些居民点缺少继续发展的动力，开采企业停工，城市丧失了组织其他生产的可能性。远东农业居民点的平均人口规模从1989年的65.2万人降到2002年的61.41万人，降幅大大高于全俄平均水平。

表4-10　2010年远东城乡人口数量及所占比重

地区人口	总人口（人）	城市人口（人）	农村人口（人）	城市人口比重（%）	农村人口比重（%）
远东	6293129	4705970	1587159	74.8	25.2
萨哈（雅库特）共和国	958528	614545	343983	64.1	35.9
堪察加边疆区	322079	249150	72929	77.4	22.6

续表

地区 人口	总人口 （人）	城市人口 （人）	农村人口 （人）	城市人口 比重（%）	农村人口 比重（%）
滨海边疆区	1956497	1488957	467540	76.1	23.9
哈巴罗夫斯克边疆区	1343869	1099714	244155	81.8	18.2
阿穆尔州	830103	554572	275531	66.8	33.2
马加丹州	156996	149811	7185	95.4	4.6
萨哈林州	497973	397106	100867	79.7	20.3
犹太自治州	176558	119381	57177	67.6	32.4
楚科奇自治区	50526	32734	17792	64.8	35.2

资料来源：根据2010年全俄人口普查数据制作。

三、远东城市化先行地区——哈巴罗夫斯克边疆区

哈巴罗夫斯克边疆区在远东各地区中开发历史最早，该地区的开发大致可分为三个时期：19世纪末到20世纪初、苏联工业化时期以及20世纪末俄罗斯经济转型期距今。作为远东城市化的先锋，哈巴罗夫斯克边疆区的城市人口分布可以从侧面反映出远东城市化历程。

哈巴罗夫斯克边疆区的城市化与远东城市化总体过程类似：农村人口少，向城市移民的人口储备不足。哈巴罗夫斯克边疆区人口流动大多为城市间的人口流动。哈巴罗夫斯克边疆区的城市人口比重高达75%，主要沿铁路交通线分布，南部人口分布密集，北部人口稀疏。

哈巴罗夫斯克边疆区开发较早的地区为尼古拉耶夫斯克和下阿穆尔。在19世纪中期，尼古拉耶夫斯克已成为河港及工商业中心。19世纪末，借助西部地区的移民，该市人口在哈巴罗夫斯克边疆区人口增长中居首位。1854年该市人口仅有25人，1857年该市人口已达1500人，1864年达4000人。1871—1880年，由于军事海洋基地搬到符拉迪沃斯托克市，加上哈巴罗夫斯克成为哈巴罗夫斯克边疆区首府，尼古拉耶夫

斯克逐渐丧失了其先前的军事和行政地位，人口开始向哈巴罗夫斯克流动，该市逐渐丧失了城市化的动力。至 1881 年，尼古拉耶夫斯克人口减少了一半。至 19 世纪末，俄罗斯欧洲地区的农业移民主要去了中心城市——哈巴罗夫斯克，尼古拉耶夫斯克的城市化停滞。至 1926 年，哈巴罗夫斯克城市人口占总人口的比重达 50%，比全俄城市化水平高 20%。

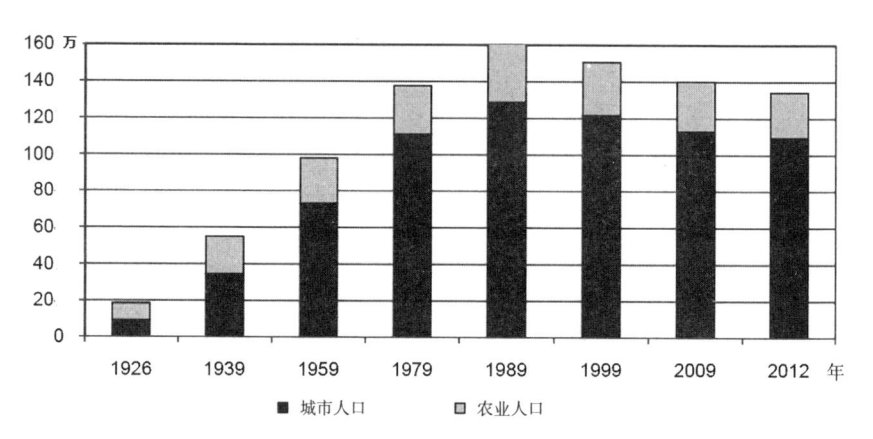

图 4-6 哈巴罗夫斯克边疆区的城乡人口动态（单位：万人）

资料来源：Колбина Е О., Найден С. Н. Эволюция процессов урбанизации на Дальнем Востоке России//Пространственная экономика [J]. 2013. №4. с. 44-49。

（一）交通位置便利

哈巴罗夫斯克边疆区城市化水平比阿穆尔州和滨海边疆区高，这主要有三方面原因。首先，哈巴罗夫斯克边疆区的主要战略任务是建立军事哨所和行政中心，在这种战略意图下确立了该市。其次，交通路线促进了工商业发展，形成了沿铁路线分布的城市体系。最后，1884 年沙皇俄国将阿穆尔河沿岸总督区设在哈巴罗夫斯克。这一举措促进了该地区运输业和贸易的发展，建筑师和工人纷至沓来。至 1939 年，哈巴罗夫斯克人口增长迅速，其人口规模超过了其他城市。

第四章 地理学视角下俄罗斯的城市化与城市化相关问题

表 4-11　1913—2013 年哈巴罗夫斯克边疆区城市人口

（单位：万人）

年份	大城市	中等城市	小城市			
	哈巴罗夫斯克	阿穆尔共青城	尼古拉耶夫斯克	苏维埃港	比津	阿穆尔斯克
1913	5.20	0.0	0.53	0.0	0.11	0.0
1926	7.35	0.0	0.74	0.02	0.96	0.0
1932	8.95	0.6	1.3	0.67	1.28	0.0
1939	20.70	7.10	1.73	1.18	1.5	0.0
1959	32.27	17.70	3.09	3.74	1.9	0.35
1970	43.53	21.75	3.15	3.0	1.72	2.4
1980	54.48	27.35	3.43	3.06	1.74	4.36
1990	60.89	31.99	3.68	3.51	1.89	5.84
2000	60.94	29.16	3.3	3.09	1.81	5.23
2010	58.07	25.98	2.45	2.84	1.88	4.53
2013	59.36	25.80	2.14	2.66	1.66	4.17

资料来源：Колбина Е О., Найден С. Н. Эволюция процессов урбанизации на Дальнем Востоке России//Пространственная экономика [J]. 2013. №4. с. 59。

20 世纪 30 年代，在苏联加速工业化的政策下，借助西部移民的补给，阿穆尔共青城人口数量在两年内超过了苏维埃港和尼古拉耶夫斯克，成为哈巴罗夫斯克边疆区第二大城市。苏联时期的快速工业化还催生了一些小城市，如比津和阿穆尔斯克等。

（二）人口向心汇集

哈巴罗夫斯克边疆区的中、小城市向中心城市输送人口，哈巴罗夫斯克市人口增长占绝对优势。20 世纪 90 年代，哈巴罗夫斯克市仍保持人口增长，边疆区其他地区人口开始外流。至 1995 年，几乎所有城乡居民点人口都在减少，外部移民成为哈巴罗夫斯克人口增长的来源。

哈巴罗夫斯克边疆区劳动力需求的48%、零售贸易额的63%、住宅建设面积的88.5%、地区外移民的50%和地区内移民的40%都集中在哈巴罗夫斯克。哈巴罗夫斯克郊区城市化速度很快，近郊人口数量占市区人口数量的11%，占整个边疆区人口数量的5%。2006—2012年，在低生育率和高死亡率情况下，哈巴罗夫斯克郊区农业人口的增速为6%~7%。由于人口自然再生产下降和行政改制等因素，一些城市居民点和工厂镇丧失了先前的地位。远东城市居民点人口难以为继，单一职能居民点的人口数量下降。1989—2002年哈巴罗夫斯克边疆区城市人口数量下降了15.7%，至2015年年末该边疆区城市人口仅有430万~440万人。

远东城市化在20世纪上半叶属于粗放化模式，城市数量及城市人口增长迅速，很多城市职能单一；至20世纪下半叶，远东城市化逐渐向集约化发展，远东首府向多功能的综合型城市转变。在交通条件便利的地方首先形成城市，远东人口向心流动，中、小城市人口向大城市集中。至20世纪末，受转型期经济危机影响，远东城市化发展潜力不足，农业人口减少，中小城市外流人口补给大城市人口，大城市人口向地区外转移，很多小城市面临生存危机。

四、远东城市化的质量维度分析

社会经济变革是推动城市发展的重要力量，工业化、信息化与全球化推动着城市发展。我们在分析城市化规律时，城市被视作一个生命体，它通过自身人口数量及结构变化来应对外部变化。综合型城市通常是各种经济活动和联系的集中地带，它像一个磁场一样，吸引着人力、资本、技术等要素，发挥着引领、创新和管理的作用。

衡量一个国家或地区的城市化水平除了城市人口比重、城市密度等一系列量化指标外，还包括反映城市居民社会生活指标的各类参数，包括人口就业、产业结构、产业集中程度以及农业劳动生产率等参数，这些指标部分反映了城市化质量层面的内容。城市化水平的提升不仅指城市数量及城市人口数量的扩大，还包括非农产业人口扩大以及科技、服务、管理、信息等产业结构的根本变化。我国学术界的唐耀华先生将城市化界定为由于生产效率提高，农业人口聚集到城市，进而推动消费需求、产业结构变化和经济加速发展的变化过程，城市化带来人们生活方式和价值观念的改变。①

（一）中、小城市职能单一

就远东城市化问题，部分俄罗斯学者认为，远东城市化高峰期出现在19世纪下半叶至20世纪初，因为远东一些大城市（如符拉迪沃斯托克、哈巴罗夫斯克、布拉戈维申斯克等城市）功能发展完善，社会基础设施发展健全，集中了大量人口。而对于苏联时期的城市化模式，有学者认为：苏联时期是远东工业发展的高峰期，并非城市发展的高峰期；苏联时期的城市发展存在很多问题，为远东许多居民点日后的发展停滞埋下了伏笔。但远东城市人口大规模增长出现在苏联时期，尽管城市化是工业化的副产品，尤其在生存条件极为不利的远东地区，城市发展更是与经济开发紧密联系在一起。远东中小城市的大规模发展发生在苏联时期，从远东城市体系来看，苏联时期是远东城市化的蓬勃发展阶段。

远东城市化以20世纪蓬勃发展的工业化为基础，原料开采业大规模发展形成了大量新兴城市。苏联的加速工业化造就了大量新城市，这些快速增长的城市有一个明显特点——功能单一。单一型城市形成的主要原因是所在地自然气候条件艰苦，交通不便，尤其在远东北部，这种单一功能型城市呈点式分布，尚未形成统一的人口分布体系和城市发展体系。远东城市发展与亚太地区乃至国际市场对原料需求有密切关联。

---

① 唐耀华. 城市化概念研究与新定义 [J]. 学术论坛, 2013 (5): 113-116.

随着自然资源利用效率的提高和利用规模的扩大，远东城市的未来方向应以原料开采、加工、技术创新为基础发展出口导向型产业。

(二) 经济与社会发展失衡

一个国家和地区的城市化水平质量一定程度上与其经济与社会发展水平有直接关系。20世纪90年代迄今，远东城市化一直处于危机或停滞阶段，社会经济发展不畅。人口外流的直接原因在于20世纪末俄罗斯经济转型带来的社会动荡，间接原因在于苏联时期的远东开发形成了一种耗费性经济，具有不可持续性。鉴于城市化应在一个较长的历史时期内考量，尤其是远东，自然条件恶劣，位置偏远，21世纪初人口与经济稳定后的城市发展格局比苏联解体之初更稳定，因而我们撷取这一时期的城市与社会发展指标来论述远东的城市化。

2018年11月，远东联邦区因贝加尔地区的布里亚特共和国和外贝加尔边疆区的加入，由先前9个联邦主体增至11个，面积增至696.27万平方公里，占全俄领土面积的比重增至40.8%，人口数量达820万。据统计，至2019年，远东人口占全俄的5.9%。城市人口数量为597万，占地区总人口的72.9%。广袤空间下人口分布不均，南部滨海边疆区人口密度为每平方公里11.8人，北部楚科奇自治区仅为0.1人/平方公里；基础设施分布也极其不对称，远东北部缺少铁路运输，公路设施亟待维修。据俄罗斯战略研究中心报告，2018年楚科奇自治区不达标公路比重高达90%以上，堪察加边疆区和马加丹州的这一指标达50%~70%。[1]

衡量一个地区的居民生活水平主要根据居民收入以及住房水平。远东居民生活水平一直落后于全俄平均水平，这也是自20世纪90年代以

---

[1] Фомин М В. Инфраструктура и связанность севера Дальнего Востока России: миграция и национальная безопасность [R/OL]. https://cyberleninka.ru/article/n/infrastruktura-i-svyazannost-severa-dalnego-vostoka-rossii-migratsiya-i-natsionalnaya-bezopasnost/viewer.

来远东人口一直外流的主要原因。生活质量是一个综合概念，包含了个体安全、住房条件、社会安全、基尼系数、失业率、居民健康以及生态安全等多方面内容。据莫斯科大学数学计量和政治分析预测实验室评估，远东在全俄联邦主体中的各地区生活质量评级中处于末位。从远东生活质量指数较高的萨哈林州、马加丹州、堪察加边疆区来看，这些地区居中下水平。据测算，2012年萨哈林州在全俄联邦主体中占第47位，马加丹州占第48位，堪察加边疆区占第55位。[1]

表4-12 2011—2012年远东地区生活质量评价

远东地区	生活质量 2011年	生活质量 2012年	生活质量 2011年排位	生活质量 2012年排位
萨哈林州	0.86	0.86	47	47
马加丹州	0.86	0.86	49	48
堪察加边疆区	0.85	0.85	54	55
滨海边疆区	0.82	0.82	64	63
哈巴罗夫斯克边疆区	0.80	0.81	68	64
阿穆尔州	0.72	0.71	76	77
萨哈（雅库特）共和国	0.71	0.70	77	78
犹太自治州	0.66	0.67	79	79
楚科奇自治区	0.74	0.62	74	81

资料来源：Екатерина Конькова. Качества жизни: Дальний Восток государственные амбиции и реальное качество жизни [R/OL]. http://www.eastrussia.ru/material/kachestvo_zhizni/.

---

[1] Екатерина Конькова. Качества жизни: Дальний Восток государственные амбиции и реальное качество жизни [R/OL]. http://www.eastrussia.ru/material/kachestvo_zhizni/.

2017年远东经济发展速度超过了全俄，但仍有少数地区存在消极趋势，萨哈（雅库特）共和国和阿穆尔州出现经济停滞；生活质量指标靠前的地区也存在一些负面趋势，这表明远东城市发展的不稳定性。从上述指标来看，远东各地区生活质量低于全俄；在居民健康和生态方面，远东各联邦主体也显示出较低水平。

表4-13　2016年远东居民健康状况和生态指标在全俄联邦主体中的评级

远东地区	人身安全	住房状况	社会领域	医疗保健	生态方面
萨哈林州	64	32	59	56	63
马加丹州	61	11	42	72	65
堪察加边疆区	54	8	43	75	50
滨海边疆区	68	55	48	71	49
哈巴罗夫斯克边疆区	72	33	40	76	43
阿穆尔州	76	73	46	79	60
萨哈共和国（雅库特）	75	80	71	67	62
犹太自治州	77	74	58	80	59
楚科奇自治区	78	5	32	82	75

资料来源：Екатерина Конькова. Качества жизни：Дальний Восток государственные амбиции и реальное качество жизни［R/OL］. http：//www. eastrussia. ru/material/kachestvo_zhizni/。

近年来俄罗斯向东看的一系列举措带来了一定的经济效果，提高了就业率，但社会效果并不十分明显。人口外流与先前相比有所好转，但消极趋势仍在持续。导致人口外流的主要原因是这里医疗条件和社会保障水平落后。因远东生活水平落后，一些小微居民点无法保障人口安全而处于濒危状态。

1. 生活水平

远东居民的生活水平可从分析生活水平指数、月收入、失业率、贫困线以下人口数量、移民顺差额、迁入和迁出人口的密集度、人口自然增长等一系列指标反映出来。这些实证数据来自对远东一些主要城市，如布拉戈维申斯克、比罗比詹、堪察加-彼得罗巴甫洛夫斯克、马加丹、符拉迪沃斯托克、雅库茨克、南萨哈林斯克、哈巴罗夫斯克、阿穆尔共青城、阿纳德尔中 15 岁以上居民的调查中得出，所调查人数为1827 人。选择城市多为远东各联邦主体的行政中心，只有阿穆尔共青城是个例外，因为该城市人口大量外流的重要原因在于社会经济因素。通过分析客观指标与居民的主观评价阐述了城市特点与人口变化间的关系，论述了各类城市问题以及居民的特点，揭示了远东城市化质量层面的状况。

表 4-14 远东各地区调查人口的基本状况

联邦主体	城市	所调查人数	占总调查人数的比重%
哈巴罗夫斯克边疆区	阿穆尔共青城	121	6.6
萨哈（雅库特）共和国	雅库茨克	221	12.10
犹太自治州	比罗比詹	130	7.12
阿穆尔州	布拉戈维申斯克	151	8.26
滨海边疆区	符拉迪沃斯托克	270	14.78
哈巴罗夫斯克边疆区	哈巴罗夫斯克	254	13.90
楚科奇自治区	阿纳德尔	182	9.96
堪察加边疆区	堪察加-彼得罗巴甫洛夫斯克	169	9.25
马加丹州	马加丹	179	9.80
萨哈林州	南萨哈林斯克	150	8.21
总计	10	1827	100

资料来源：俄联邦国家统计局网 http://www.gks.ru/free_doc/new_site/kouz16/index.html。

自20世纪60年代起，"生活质量"问题开始出现在社会学研究中，因为这一问题带来社会安全、生态安全、环境状况和居民健康的恶化。当前这一问题带有规模性和复杂性，涉及社会以及个人的目标和价值观问题，这些也属于城市化质量层面的内容。由于俄罗斯居民生活条件恶化、生活水平下降、社会经济问题加剧，构成了一系列社会问题，如贫困、失业、被迫移民等社会问题，居民在医疗、教育等领域社会福利下降。这些问题导致社会分层和多元化，也会导致社会流动性加剧，人口向更舒适的居住地移民。据维采涅茨·塔·尼（Виценец Т. Н.）指出，人口外流是影响远东人口下降的主要因素，也是影响远东城市发展的迫切问题之一。

表4-15 2016—2017年远东居民生活水平和生活条件指标

城市	生活消费指数	月平均工资（卢布）	迁入率与迁出率之差	迁入率	迁出率
阿穆尔共青城	1.18	38121.7	-6.13	21.54	27.68
雅库茨克	1.29	54898.4	7.42	33.24	25.82
比罗比詹	1.11	33460.7	1.02	30.76	29.74
布拉戈维申斯克	1.05	36599.3	16.82	47.70	30.88
符拉迪沃斯托克	1.21	42899.6	1.83	37.57	35.75
哈巴罗夫斯克	1.33	44839.7	8.60	50.40	41.80
阿纳德尔	1.63	93362	——		
堪察加-彼得罗巴甫洛夫斯克	1.64	62570.1	-11.93	39.55	51.48
马加丹	1.42	66151.8	——		
南萨哈林斯克	1.37	71241.5	-2.42	40.35	42.77

移民指标（‰）在表头"迁入率与迁出率之差"、"迁入率"、"迁出率"上方

资料来源：俄罗斯国家统计局网 http://www.gks.ru/dbscripts/munst

第四章 地理学视角下俄罗斯的城市化与城市化相关问题

从表4-15中不难看出，远东各地区发展顺利的城市为那些物价指数较低、月工资较高的地区。按生活用品消费指数由高到低排序依次为堪察加-彼得罗巴甫洛夫斯克、阿纳德尔、马加丹、南萨哈林斯克、哈巴罗夫斯克、雅库茨克、符拉迪沃斯托克、阿穆尔共青城、比罗比詹、布拉戈维申斯克；从月均工资水平来看，由低到高排序分别为比罗比詹、布拉戈维申斯克、阿穆尔共青城、符拉迪沃斯托克、哈巴罗夫斯克、雅库茨克、堪察加-彼得罗巴甫洛夫斯克、马加丹、南萨哈林斯克、阿纳德尔。按移民迁入率与迁出率之差来看，呈现移民正增长率的城市有布拉戈维申斯克、哈巴罗夫斯克、雅库茨克，这些城市的生活品消费指数较低且月均工资较高；而那些移民外流的城市则物价较高、工资难以弥补生活消费品支出，这类城市有堪察加-彼得罗巴甫洛夫斯克、阿穆尔共青城、南萨哈林斯克；还有一些城市的月均工资与生活品消费支出基本持平，如符拉迪沃斯托克、比罗比詹等。

衡量远东人口的生活质量还要看各地区的失业率和贫困率。远东各地区的失业率均高于全俄平均值，贫困率为6.4%；失业率最高的地区为萨哈（雅库特）共和国（7.4%），其次是滨海边疆区（6.9%），再次是萨哈林州（6.5%），失业率最低的地区是马加丹州（3.1%）。远东各地区的月均工资以及低于贫困线人口比重均高于全俄平均水平，但在个别地区，如在犹太自治州（21.4%）、萨哈（雅库特）共和国（17.4%）、堪察加边疆区（17%）月均收入低于贫困线人口比重仍很高。[1]

---

[1] Иванова В В, Васильева А А. Условия и качество жизни населения Дальневосточных городов [J]. Проблемы развития территории, 2018, 3 (95): 28-44.

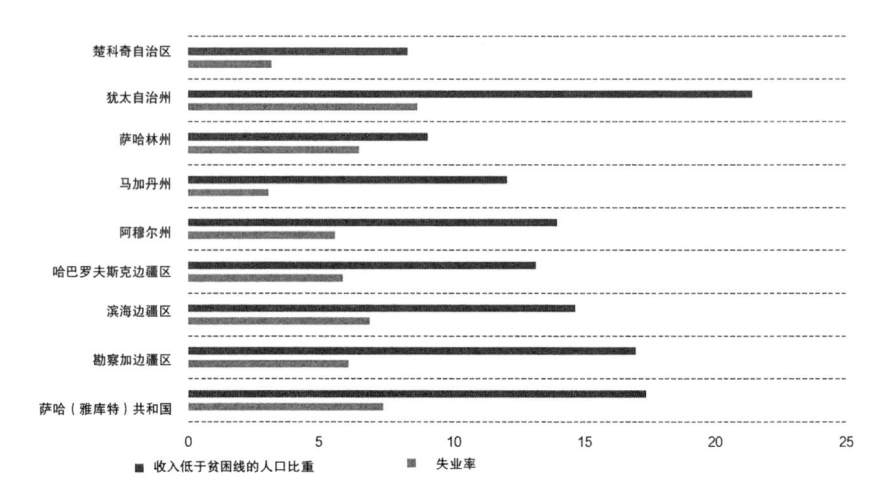

图 4-7　2016—2017 年远东地区各联邦主体生活质量指标（%）

资料来源：俄罗斯国家统计局网 http://www.gks.ru/dbscripts/munst

除了借助客观指标体系考虑远东城市的社会经济发展状况，还可以借助居民的主观评价来反映远东城市发展状况。远东人口对城市吸引力的评价大致可归结为受 4 大类因素影响，包括社会环境、休闲娱乐设施、社会服务以及城市环境。从调查结果来看，不喜欢住在城市的被调查者占被调查总人数的百分比由高到低依次为南萨哈林斯克、马加丹、堪察加-彼得罗巴甫洛夫斯克、阿纳德尔、哈巴罗夫斯克、符拉迪沃斯托克、布拉戈维申斯克、比罗比詹、雅库茨克、阿穆尔共青城。据调查，我们能够发现住在 50 万~100 万人口的城市中居民更加担忧社会服务问题，如入托、上学、距离商业网点路途远、买药难等问题，如符拉迪沃斯托克、哈巴罗夫斯克；对 25 万~50 万人口城市中的居民来说，较为迫切的问题是休闲娱乐设施不足或距离远的问题，如阿穆尔共青城和雅库茨克；10 万~25 万人口城市，如堪察加-彼得罗巴甫洛夫斯克、布拉戈维申斯克，居民对城市基础设施忧虑，像文体设施匮乏或距离远、住房公用服务不佳、路况和交通不好等；而 5 万~10 万人口的中等城市以及5万人口以下的小城市,如比罗比詹、马加丹等,人们对城市经济问题感到不满,如对城市基础设施、服务设施以及社会服务均表示不满。

表4-16 远东城市生活吸引力的主观评价及移民相对差额‰

城市名称	不喜欢城市生活的占比%	移民的相对顺(逆)差
阿穆尔共青城	5.0	6.13
雅库茨克	12.2	7.42
比罗比詹	12.3	1.02
布拉戈维申斯克	14.6	16.82
符拉迪沃斯托克	14.8	1.83
哈巴罗夫斯克	16.1	8.60
阿纳德尔	18.1	——
堪察加-彼得罗巴甫洛夫斯克	20.7	-11.93
马加丹	25.1	——
南萨哈林斯克	30.0	-2.42

资料来源:俄联邦统计局网 http://www.gks.rulfree_doc/new_site/kouzl6/index.html。

2. 住房状况

20世纪90年代,俄罗斯实行的休克疗法带来整个社会经济发展的倒退,国家停止对住房领域的资助,住房建设处于停滞状态。据统计,1990年俄罗斯远东住房建设面积为316.7万平方米,1995年该指标降至125.4万平方米,2000年降至54.9万平方米,2005年为67.3万平方米。[①] 可以说,在俄罗斯激进转型的十几年中,远东住房建设面积与1990年相比,减少了80%。俄罗斯当时处于政权过渡期而无暇顾及普通民众的生活问题。这一时期所建工程多为富人豪宅。1996年俄罗斯

---

① Российский статистический ежегодник [M]. Москва:РОССТАТ, 2006:482.

总统大选前夕,为了缓解居民住房紧张,叶利钦签署了《俄罗斯联邦住宅规划》,规划中明确了对军人、极北地区移民、遭遇放射性事故的人以及归俄移民优先提供住房的措施。叶利钦政府出台这一规划更多是为获得政治支持,并改善多数居民的住房条件。实际上,从中央到地方各级政府对规划实施关注很少。1996年远东为军人落实住房规划仅完成了计划的18%,仅在二手房市场上为这些军人购置了13套住宅,而并没有为其进行住房建设。而后的住房规划被列入地方发展规划中,由联邦预算划拨经费。2005年9月5日,俄罗斯总统普京在政府工作会议上宣布,国家有必要集中力量加强医疗保健、教育、住房和农村经济建设,将住房建设提升到国家规划层面,成立专门委员会,负责住房建设。国家住房规划的主要内容之一就是针对公民住房需求,建设经济适用房,通过扩大按揭贷款来扩大住房建设规模。国家同时扩大贷款公司固定资本额,形成房产证券价格标准,国家有义务为老兵、事故伤残人员以及年轻家庭提供住房。根据2010年住房规划,国家每年通过按揭贷款建设住房面积8000万平方米。30%的俄罗斯公民以分期付款方式解决自身的住房问题。

  然而远东住房问题比其他地区更为复杂。20世纪90年代,远东许多建筑公司解散,不少技术人员另谋他职,建筑人员数量急剧下降。例如,1985年哈巴罗夫斯克边疆区有9万人在建筑领域从业,有1.77万人在建材领域从业,而到了2003年,边疆区建筑综合体中的从业人员只有5.88万,建材领域中从业人员只有4000人。[1] 随着建筑领域中的人员更替,加之建筑领域不景气,新成长起来的年轻建筑师不愿像父辈那样工作在环境较差的工地上。此外,由于20世纪90年代社会经济形势不稳,远东流失了很多优秀的建筑师。由于缺少智力投资,新生力量

---

[1] Власов С А. Реализация национального проекта "доступное жильё" на Дальнем Востоке [J]. Россия и АТР, 2008 (4): 51.

培养不足，远东建筑领域人才断层，劳动力市场上建筑师供给严重不足，只能通过近邻国家和远邻国家的劳动力资源来救急。除了人力资源缺失，地区建材生产能力不足，加之远东对住房建设领域投入不足，银行分期贷款体系不完善，远东住房建设缓慢低效。据俄罗斯社会舆论基金会（ВЦИОМ）于2006年8月的调查显示，多数俄罗斯人没有利用按揭贷款来购房。这主要是由于远东需要住房的居民普遍贫困，按揭贷款利率过高，购房首付数额过大等因素。俄罗斯分析人士针对远东住房问题指出，应广泛吸引中国建筑公司进入俄罗斯建筑市场，扩大经济适用房以及低层木屋的建设。

3 社会保障

苏联解体后，俄罗斯的社会保障体系基本继承了先前国家保险型社会保障框架，向市场转型期间的俄罗斯社保体系一定程度上保留着苏联模式的影子。俄罗斯的社保体系主要包括养老保险、失业保险、医疗保险、社会福利及社会救济等内容。

俄罗斯的养老保障主要来源于国家、企业、劳动者三方，一般企业承担的比重较高，劳动者个人承担较少，国家主要承担弱势群体的养老金。俄罗斯养老保障改革是向着多方统筹的方向变化。受国家经济结构和人口结构转型等因素制约，俄罗斯社会拖欠养老金问题严重。2002年，俄罗斯实行了养老保险制度改革，该制度由社会养老金、强制养老金以及居民自愿办理的补充养老金三部分构成。其中，社会养老金由国家承担，主要对社会弱势群体提供养老保障。强制养老金由企业和个人共同缴纳，比重占工资收入的22%。补充养老金由企业和行业协会根据自身情况来缴纳。失业保险由国家、社会、企业和个人多方缴费共同组成。

失业基金由俄罗斯中央银行管理并参与市场运行，确保基金保值。失业保障除了对失业者提供社会补贴外，还包括对失业者提供再培训的扶助措施，促进其再就业。由于俄罗斯转型以来经济萧条，政府承担压力过大，带来社会保障制度效率低下，居民对此不满。

医疗保险方面，俄罗斯在1993年通过法案，设立强制医疗保险基金和医疗保险公司，向企业和个人发放强制医疗保险卡。强制医疗保险由国家、企业和个人三方缴纳，所缴纳基金由各地的强制医疗保险基金会管理，负责集中并支付患者的相关医疗费用；医疗保险公司负责承接医疗保险业务。俄罗斯医保资金有强制和自愿缴费部分，强制保险在受保期内享受免费医疗服务，国家对免费医疗病症、服务和方式都做了规定，免费医疗支出由国家承担，每年政府医疗支出占该项支出的10%，且这一指标逐年增长。① 俄罗斯为了维持社会稳定还建立了社会福利及社会救济制度。俄罗斯政府对老年人、残疾人、孤儿建立了各类养老院和福利院，为其发放各种形式的救济金和补助。

由于远东为边疆地区，气候寒冷，北部多为冻土带。作为一个后开发地区，无论是在沙俄时期还是在苏联时期，远东社会政策主要面向吸引移民和巩固人口，为其提供各类优惠和补贴。俄罗斯经历了近20年的市场经济转型，在新的社会保障体系下远东居民社会保障水平落后于俄中、西部地区，主要体现在这里疾病率高发、医疗设施不完善、医疗人员不足等问题上。哈巴罗夫斯克医疗管理局对患者满意度做了调查，受访者558人，来自远东九个联邦主体。经过测算，远东居民对当地医疗设施满意度仅为24.6%，不到对全俄满意度的三分之一。

第四节 俄罗斯城市化问题

俄罗斯的城市化问题既有发展中国家面临的共性问题，又有其自身

---

① 丁奕宁，魏云娜. 俄罗斯社会保障体系发展的研究与启示 [J]. 当代经济，2019 (2)：139.

发展道路下的具体问题。首先是城市化质与量不同步的问题。该问题包括城市郊区化现象、学界对其"伪城市化"或"准城市化"等称谓。城市郊区化并不是俄罗斯特有的现象，产生这一现象的原因是多方面的，主要原因在于城市中高质量的建筑造价高昂、人口饱和以及住房老旧、经济问题、税收高昂、社会问题加剧等问题。城市郊区化的必要条件是交通发达，能够保障居住地和工作地之间通勤。工业或其他领域的就业郊区化伴随着城市郊区化过程，大型工业企业退出中心地区需要更大的地域以及技术熟练的固定移民等。而俄除了上述内容，地域广阔、交通不便使这一特点更加突出。

在经历了20世纪工业化引领下的加速城市化之后，俄罗斯的城市化并未结束，转型期的危机现象使城市化止步。与先前一样，俄罗斯缺少承担产业和地区发展主导作用的大城市，许多城市的城建基础并不稳固，与新条件不符。这些城市有必要挖掘自身的经济地理潜力，发展市场基础设施，改善城市环境，提高居民生活水平，使其成为真正意义上的大城市。在转型期俄罗斯社会经济发展有赖于大城市的作用，这些大城市享有更多的资源优势，比其他类型的城市有更好的起步基础。

一、忽视城市化质量层面发展的问题

苏联时期的军事战略布局影响着各地区的经济开发和人口分布，使得俄罗斯的城市化不同于西方国家，带有自身的一些独特性。第二次世界大战后，苏联城市人口快速增长体现出国家努力建设现代军事经济的战略意图，这一战略在承受了巨大的战争损失、快速工业化与集体化等一系列重大政治经济事件的影响下完成。大量的农业人口进入城市投身社会主义新城市建设，苏联城市化也因此带有了农村化、质量层面落后等一系列个体特征。

苏联时期城市化发展具有片面性，强调了量化增长，质量层面没有

达到相应的西方城市标准，这体现在大城市的就业结构、城市硬件设施、城市文化观念等诸多方面。城市作为城市化的载体，首先体现在各领域各类活动的聚集，包括文化以及最高成就的聚集。通常，苏联时期的城市保留着传统的村镇特点，城市的形成多半由多个村镇联合而成，或者城市多附属于一些大型企业，城市化经常被人们视为工业化的副产品，而不是一个独立的社会过程。

俄罗斯的城市化问题与历史发展、社会经济发展以及人类文化演变特点有关。几百年来的社会经济发展以军事战略为目标，并没有形成统一的社会经济发展空间，即使在已开发地区也没有形成连续的城市延绵带，这些特点受俄罗斯社会文化传统以及历史上不断发生的重大政治经济事件影响。

至20世纪末，俄罗斯有很多地区气候酷寒，交通不便，通信和服务设施落后，经济发展不畅，生活水平落后，文化设施及社会资源不足，尚未达到现代社会城市文明水准。另外，城市自我发展与管理的能力薄弱。苏联解体后的十几年中形成了大量的边缘化人口，这一阶层生活观念介于城乡之间，算不上真正意义上的城市阶层人口。从苏联城市化质与量层面间的差距来看，1959—1989年，俄罗斯的城市人口增长了76%，高速增长不可避免伴随着发展不全面、单一性等特点。（见表5-1）这些特点与城市居民生活水平、文化水平、城市环境、产业单一化、社会基础设施与企业经济状况的高关联度、生态环境恶化、小城市濒临消亡等负面现象相关。

表5-1 苏联时期俄罗斯城市人口数量与城市居民点动态

人口普查年份	数量（万人）			城市人口数量（万人）	城市人口比重（%）
	城市	城镇	城市居民点		
1939	574	743	1317	3630	34
1959	877	1495	2372	6160	52

续表

人口普查年份	数量（万人）			城市人口数量（万人）	城市人口比重（%）
	城市	城镇	城市居民点		
1970	969	1869	2838	8100	62
1979	999	2046	3045	9540	69
1989	1037	2193	3230	10840	74
1993	1064	2094	3158	10890	73

资料来源：根据1939年、1959年、1970年、1979年、1989年、1993年人口普查数据整理制作。

俄城市化在很大程度上类似于发展中国家的特点。除了波罗的海三国以外，俄罗斯与其他苏联加盟共和国一样，在20世纪30—80年代带有准城市化特征，保持城市化的人为特点，体现在城市人口比重增长、人口向大城市集中等方面，但在很大程度上，俄罗斯城市化在居民生活水平和生活方式以及城市环境方面与欧洲国家的城市存在很大的差异。然而，这并不能否定俄罗斯城市化发展的规律性。历经一个世纪发展而来的城市布局代价昂贵，在长时间的渐进转型中应该最大化地加以利用先前结构中的优势部分。至1993年，俄罗斯170个大城市集中了68%的城市人口，成为全俄人口分布的主要地带及地区经济发展的重要力量，主要包含首都城市带、主要经济轴及一系列海港城市。首都城市延绵带以莫斯科和圣彼得堡为中心，沿伏尔加河、乌拉尔、西伯利亚大铁路沿线的城市带，这些地区占全俄领土的1/10，还有9/10的地区开发程度不高，人口分布较稀疏。

20世纪下半叶，大城市是人口布局的主力，但苏联时期对城市发展的政策与此相反，主要发展中小城市，限制大城市发展，一定程度上也抑制了城市化发展，埋下了俄罗斯城市化危机的隐患。

苏联时期城市化的矛盾性孕育了当前城市化的危机局面，尤其在分析了新城市在苏联人口布局中的作用后更加显现了苏联城市化的矛盾性。新城市的快速增长一直以来是苏联学界歌颂的对象，大力推动了苏联城市量化增长部分。新城市的快速增长与加速工业化、城市化片面发展、新资源开发特点紧密相关，1990年在苏联登记的2200个城市中，有40.3%的城市是在1945年后建立的，69.3%的城市是在1917年后建立。新城市建立的高峰期是在20世纪60年代，在人口布局中新城市的作用各不相同。在老工业区，居民点密集，新城市的作用不大，如在俄罗斯的西部——普斯科夫、斯摩棱斯克、布良斯克等地新城市作用有限。相反，在北部和东部很多地区，如科米共和国、乌拉尔、库兹巴斯、哈巴罗夫斯克边疆区等，新城市在城市中的比重占75%，这些地区新城市的环境、设施配备、文化发展存在严重问题。在20世纪70—80年代，由于产业单一、位置偏远，已经出现了城市化危机的迹象，这些地区的新城市不同于老工业区和首都地区，缺少社会文化潜力积累，没有形成真正的城市环境。

二、城市人口分布不均问题

俄罗斯欧洲与亚洲部分、南部和北部的城市人口分布极其不均衡。1990年俄罗斯欧洲部分有苏联城市总数的五分之四，亚洲部分的城市主要分布在南部，大城市数量不足，大部分中小城市职能单一，城市基础设施不完善，文化产业以及服务业不发达。很大程度上，地区社会经济发展不均衡带有一定的客观性和规律性，其中交织着历史因素、经济文化差异、基础设施因素、制度潜力及地区形象等多方面因素。俄罗斯拥有广阔的地理面积，经济发展赖以维系的资源保障具有明显的不均衡性，如自然资源、劳动力资源、技术资源、金融资源、高效的管理资源等，尤其是人口再生产和人力资源对地区经济发展不均衡的影响更加重要。另外，政治制度安排对经济发展的地区差异也有着重要影响，如地区政治机制类型、权力和经济全权的分配、政治和经济领域的协同、地区主义状况等因素对经济发展地区差异有重要影响。

在俄罗斯人口数量持续下降的总体趋势下，俄罗斯各联邦区人口分布差异显著。从人口密度来看，远东联邦区最低，人口密度仅为1.2人/平方公里，西伯利亚联邦区人口密度为3.9人/平方公里，乌拉尔联邦区为6.8人/平方公里，西北区为8.3人/平方公里，伏尔加沿岸为28.3人/平方公里，北高加索为57.9人/平方公里，中央区为60.6人/平方公里。据2019年10月30日全俄舆论中心对城市人口移民意愿的问卷，25%的人计划离开自己的原住地，并且这些人口多半为25~34岁的青壮年，农村和郊区城镇的移民意愿更为强烈，61%的城镇人口想向城市移民，34%的农村人口有计划向近郊移民。影响移民意愿的主要因素在于所在地区基础设施不发达以及缺少实现自身劳动价值的机会。①

三、城市化的负面影响

城市生态问题是城市化的主要问题，大气中80%的废物排放来自城市垃圾，城市污染在环境污染中的比重占75%。世界上所有城市每年向大自然排放30亿吨的粉尘，尤其是大城市和城市带对周围环境有着更大的影响，对周围的污染可达50公里。

（一）生态问题

苏联时期的工业化带来生产垃圾和生活废料的快速增长，环境污染危害着城市的居住环境。社会调查显示，大气污染、水体污染和其他生态污染危害着居民的身体健康。尽管苏联时期的社会经济发展促进了居民生活水平的快速提升，人口死亡率快速下降，但人口死亡率与疾病率

---

① Крицкая А А, Шумилина А Б, Дряев М Р. Обзор проблематики неравномерности расселения жителей по территориям федеральных округов Российской Федерации и формирование индексов рациональности как инструментов демографической политики государства [J]. The scientific heritage, 2021 (63): 202.

仍高于发达国家。城市人口死因调查显示，死亡率与城市规模有一定的相关性，一般男性的外因死亡率高于女性。据1979年苏联人口死因调查，男性外伤和中毒死亡数量是女性的3倍。从地理分布来看，人口死亡率从东北向西南呈下降趋势；从死因结构来看，东北部的人口外因及中毒死亡比重高于西南部地区；人口死亡年龄也呈现由东北向西南下降的趋势。这也间接表明了俄联邦中西部地区城市环境优于东部和北部地区。①

俄联邦当前存在诸多生态问题，这些问题很大程度上源自苏联当局的国家政策。苏联政府将工业发展视作全社会面临的迫切任务，忽视了对生态环境的监督，俄罗斯城市中居住着1.1亿人口，占俄罗斯人口的绝大多数。环境污染引起17%的儿童疾病、41%的呼吸道疾病和16%的内分泌疾病。按照俄罗斯科学院地理研究所科丘罗夫·波·伊（Б И Кочуров）的观点：自然环境的破坏以及地貌改变会带来负面的社会经济影响。②

苏联时期的产业方向和产业布局影响着城市的生态环境。在有着中小型工业企业的小城市，环境污染达到中度污染，即污染物超标达到10%~20%，引发呼吸器官疾病的污染超标达50%以上，影响儿童的身体发育，尤其以机械制造业为主导的单一职能城市，环境污染更加严重。复合职能的大城市也存在各类污染，其中重度污染城市占1%~5%，达到危险程度的污染城市数量占10%~20%，中度危险程度的污染城市占30%~50%。随着汽车在人们生活中的普及，主要污染源不仅来自工业企业、发电厂，还有交通工具。③

产业动态也影响着大气污染水平。20世纪90年代苏联体系性危机

---

① 于小琴. 俄罗斯城市化问题研究［M］. 哈尔滨：黑龙江大学出版社，2015：131.
② Ляховенко Д И, Чулков Д И. Основные экологические проблемы российских городов и стратегия их разрешения［J］. Русская политология，2017（3）：22.
③ 于小琴. 俄罗斯城市化问题研究［M］. 哈尔滨：黑龙江大学出版社，2015：131.

带来生产领域大幅下降，但城市环境反而去污染化了。经济增长与城市污染也并非完全的正相关联系，经济增长往往开始于污染较小的产业，如食品业或轻工业，还有少数的机械制造业。此外，经济增长大多开始于知识经济等新兴产业，老旧产业一定程度上在危机期间已被淘汰。

热电站也是环境污染的重要因素。煤炭燃烧时的排放物比天然气燃烧时的排放物高11倍的有害物质，尤其在冬季取暖期，陈旧取暖设施对城市大气产生着十分不利的影响。莫斯科、圣彼得堡、叶卡捷琳堡、克拉斯诺亚尔斯克、鄂木斯克、伏尔加格勒及其他大型工业中心都存在大气污染加剧的状况。大气污染形势最为严峻的地区有乌拉尔地区、西伯利亚和远东。[①]

降低城市环境对生态影响的措施包括以下方面：第一，技术方面建设净水设施和排污管道，采用新技术、新工艺净化生活污水，用其他消毒方式取代氯化，采用垃圾分类的管理办法，等等。第二，建筑规划时，在工业企业附近规划好卫生保护区域；建筑住宅小区时要考虑气候、地理位置和地质条件，综合考虑城市的绿化问题。第三，合理组织城市交通和企业活动，更新城市通信管道，对城市生态体系各部分状况进行社会生态管理。第四，向生态技术投资，促进这类技术的实际应用。第五，制定和应用环保法。

发展城市生态是解决城市化问题的一种重要方式，避免污染要比清除污染容易得多，在这方面有必要规划环保活动。建立模型、评估风险、形成预测对解决城市环保问题有很大帮助。

（二）生态变化及社会问题

城市化带来的另一个问题便是城市环境发生了改变，这一过程是自

---

① Игрь Яковлев Промышленные загрязнения в России: невозмоно измерить, невозможно контролировать [EB/OL]. Экология и права, 2016-4-20.

发的，难于控制，自然景色被城市的人造景观代替。发展中国家的"城市爆炸"导致所谓的"贫困化阶层"出现，大量贫困的农业人口流向大都市。发达国家通过改善城市环境的法令努力协调城市化过程，这涉及各个学科，需要多方共同努力。解决城市化问题对人类来说至关重要，人类的发展需要消费一些资源和能力，地球的生态体系支撑不了过重的压力。为了避免这类灾难出现，人们有必要协调好与地球的关系。人类是具有生物性和社会性的共同体，人们在地球上的存在结成了人类命运共同体，人们生活在村庄、城镇、城市里，追求聚集到更先进的居住区域中，但这一过程并不是无止境的，有限范围内的人口持续增长将会达到极限状态。无限向大城市圈集中的过程也终将会带来危险。

地球人口数量的快速增长吸引了越来越多人口学专家的关注，城市越来越成为现代社会中人们定居的主要形式，现代城市中居住着全世界人口数量的一半以上，城市对周围环境起着越来越重要的影响，城市问题增长带有世界性。城市化是现代社会面临的日益迫切的问题之一，在地球陆地超过1%的城市范围中分布着超过45%的世界人口，城市生产出80%的世界生产总值，这一过程向周围大气和水域排放出80%的废弃物。全球58亿人口对大自然的影响相当于远古时代500亿人的作用。

俄罗斯的城市化具有自身特点，首先是缺少土地和不动产市场，指令性计划经济体系从根本上影响着人口布局体系。其次，城市的形成并非根据自身条件发展而成，而是在政府政策杠杆的驱动下形成，有些城市建在交通极其不便的矿产地，维持城市的正常运转需要付出昂贵的代价。20世纪90年代，俄罗斯向市场经济转型引起城市发展的一些变化：在一些大城市中，工业生产下降带来失业率上升、居民不完全就业以及贫困率上升。

结　语

　　城市化的概念展示了与城市化相关的复杂和多样化进程。至今，学界对城市化的定义仍没有确定的答案。城市化是一个复杂的过程。随着时间的推移，人们对城市化的认识和理解不只是停留在量化层面，还增添了很多质量层面的认知，使城市化研究更加全面系统。首先，从人口学维度来看，城市化是城市人口比重不断提高的过程，其内涵是指农村人口流入城市，在城市定居生活，完成向城市人口的蜕变。其次，从经济学维度来看，城市化是产业结构转变的过程。农村人口开始从事非农业生产活动，完成了劳动力从第一产业向第二、三产业的过渡，为社会创造出更多财富。再次，城市化是居民生活水平不断提高的过程。城市在市场、技术和财富积累方面比农村更具优势，农业人口向城市流动最先受经济因素驱动，为城市创造财富的同时提高自身生活水平。除此之外，城市化也是一个城市文明不断发展并向广大农村渗透和传播的过程。城市文明向农村渗透，改变农村的生产方式与生活方式，城市与乡村慢慢融合，最后形成城乡一体化的局面。最后，城市化过程是人的整体素质不断提高的过程。高素质人口从事先进的生产工作，会形成先进的理念与思想，从而生活方式与价值观也会逐渐发生改变。城市人口会建立新的社会秩序，会开展多样化的社会活动，在人与人不断的交往与交流中，形成新的城市文明。

研究城市增长和农业居民点的变化,这一过程促进城市或城镇社会经济的发展。城市化进程伴随着城市自身的发展,城市职能和承载的物质基础的发展,通信和服务业的广泛发展,城市生活方式和交往方式在农业地区普及。城市圈是城市化更高级的人口定居形式,人口流动性更高,基础设施更发达,城市化更深入的过程是形成城市连绵带。城市化有着一系列的积极和消极方面,主要弊端在于环境污染和失业问题;好的方面在于形成了更发达的生活方式和社会组织形式,可以有更广泛的职业选择、接受更好的教育以及娱乐方式更加多样化。俄罗斯的城市化具有未完成性,转型期的社会动荡一定程度上放缓了人口继续向大城市集中的进程。俄罗斯需要更多的大城市,城市化需要进一步深入。目前,俄罗斯不少城市属于单一职能城市,城建基础不够巩固,急需进一步发展经济,推进城市化继续前进。

从史学视角来看,俄罗斯的现代化沿着追赶西方的道路曲折前行。这一过程中西向化与反西向化、传统与现代、集权与保守的力量相互交织在一起,形成了俄罗斯独特的现代化道路。帝俄时期的现代化走的是以军事技术为主导、以满足沙皇雄心勃勃的疆域野心和军事强国之梦为目标的道路,因而俄国最先实现了军事技术现代化,而资本主义关系、工商业发展环境以及城市自由氛围的发展是缓慢的。直至亚历山大二世改革,才算正式开启了现代化之路的大门,取得了现代化发展的一些成就。城市化作为现代化的一个亚进程,反映了现代化脚步的快慢和特点,从这方面来看,俄国城市化进展速度缓慢,农业人口仍占总人口的绝大多数,是一个地地道道的农业国。苏联时期城市化取得了巨大的成就。20世纪上半叶,战争、饥荒及政治清洗等人口重大损失事件接踵而至,在这种情况下,苏联通过三个五年计划的实施,在加速工业化浪潮的推动下,城市化率从19%飞速上升到50%,摆脱了落后的农业国地位,开始了向工业社会和城市社会转型的过渡。20世纪60—80年代是城市化质量层面发展的时期，也是城市化从粗放式向集约化转折的时期。这一时期，城市人口的医疗、福利及社会保障得到了很大的提高，完成了人口转折，疾病率和死亡率大大降低。但同时僵化的管理体系不能做到高效灵活运行，致使经济效率低下，官僚主义、文牍主义、腐败问题盛行，最终不堪重负，带来了体系性的危机，城市化发展出现了一定程度的倒退，国家经济现代化止步。

从俄罗斯的城市化发展来看，苏联时期城市化问题对后苏联时代产生着重要影响，其出口原始化、经济结构失衡问题将长时间存在；工业化普遍带来的大气污染、生态危机等问题，这些共性问题及解决路径对我国城市化发展同样也有着参考和警示作用。

此外，从苏联现代化和城市化发展来看，社会主义制度在遇到重大危机时能够最大化动员全国资源去迎接挑战，并在较短时间内赢得胜利，在这一点上胜于西方自由主义体制，这也说明不同体制均有自己的利弊；苏联现代化之路的中途止步也同时提醒我们，不要盲目追求经济指标上的跃进而忽视实际国情，要根据变化的历史条件进行适时改革，否则很容易陷入制度陷阱，进而引发危机。

后苏联时代，俄罗斯面临着发展经济、继续推进城市化发展的任务，在国际经济形势低迷，加之受2014年乌克兰危机影响，俄罗斯身陷西方国家的经济制裁之中，经济不景气使俄罗斯很难完成经济结构转型及单一职能城市的改造问题。另外，广泛领土范围背景下，俄罗斯面临着严峻的人口挑战，很多处于极北地区的中小城市濒临消亡。从区域学角度来看，俄罗斯的城市化水平程度不一，欧洲部分形成了较密集的城市群和交通、通信网络，而东部地区仍处于停滞或者缓慢发展中，尽管近年来俄罗斯出台了一系列发展东部的举措。从目前的国际形势和东部地区的发展定位来看，短期内很难有重大突破。

参考文献

一、中文文献

专著

1. 鲍里斯·尼古拉耶维奇·米罗诺夫. 俄国社会史（上卷）[M]. 济南：山东大学出版社，2006.

2. 姜长斌，徐葵. 苏联兴亡史论[M]. 北京：人民出版社，2004.

3. 姜振军. 俄罗斯东部地区经济发展研究[M]. 北京：社会科学文献出版社，2015.

4. 雷开春. 城市新移民的社会认同——感性依恋与理性策略[M]. 上海：上海科学出版社，2011.

5. 李强，等. 城市化进程中的重大社会问题及其对策研究[M]. 北京：经济科学出版社，2009.

6. 李慎明. 历史在这里沉思：苏联亡党20周年祭[M]. 北京：社会科学文献出版社，2011.

7. 李随安. 中国的俄罗斯形象（1949—2009）[M]. 哈尔滨：黑龙江教育出版社，2012.

8. 陆南泉，黄宗良，郑异凡，等. 苏联真相：对101个重要问题的思考[M]. 北京：新华出版社，2010.

9. 尼·伊·雷日科夫. 大国悲剧：苏联解体的前因后果［M］. 徐昌翰，等译. 北京：新华出版社，2008.

10. 齐良书. 发展经济学［M］. 北京：中国发展出版社，2002.

11. 徐向梅. 现代化之路：中国俄罗斯东欧国家改革比较［M］. 北京：当代世界出版社，2003.

12. 亚·格·拉林. 中国移民在俄罗斯：历史与现状［M］. 天津：天津出版传媒集团，2017.

13. 于小琴. 俄罗斯城市化问题研究［M］. 哈尔滨：黑龙江大学出版社，2015.

14. 于小琴. 俄罗斯人口问题研究［M］. 哈尔滨：黑龙江大学出版社，2012.

15. 于小琴. 文艺复兴时代佛罗伦萨的古典传统［M］. 北京：社会科学文献出版社，2018.

16. 张济顺. 远去的都市：1950年代的上海［M］. 北京：社会科学文献出版社，2015.

17. 张建华. 发展经济学原理与政策［M］. 武汉：华中科技大学出版社，2019.

18. 张建华. 苏联知识分子群体转型研究1917—1936［M］. 北京：北京师范大学出版社，2012.

19. 左凤荣，沈志华. 俄国现代化的曲折历程［M］. 北京：社会科学文献出版社，2011.

期刊

20. 布罗夫，刘雷. 俄罗斯现代化的历史经验［J］. 科学与现代化，2016（4）.

21. 常丽，闫质杰. 东北地区产业结构演进及变动度分析［J］. 商业时代，2013（12）．

22. 陈方圆．马克思恩格斯城乡关系的文化解读与阐释［J］．大众文艺，2020（6）．

23. 程亦军．俄罗斯人口发展与社会问题［J］．俄罗斯中亚东欧市场，2006（2）．

24. 仇宏暄，张润，龚文婷．中国雾霾治理的新思考［J］．山东化工，2019（48）．

25. 丁奕宁，魏云娜．俄罗斯社会保障体系发展的研究与启示［J］．当代经济，2019（2）．

26. 冯春萍．俄罗斯城市发展及其在区域经济中的作用［J］．世界地理研究，2014（2）．

27. 高际香．俄罗斯城市化与城市发展［J］．俄罗斯东欧中亚研究，2014（12）．

28. 韩雪．浅谈农业经济存在的问题及解决措施［J］．中国集体经济，2019（19）．

29. 黄登学．俄罗斯保守主义现代化：时代背景、价值观与改革原则［J］．国外理论动态，2012（4）．

30. 亢稚文．试论20世纪初俄罗斯远东地区城市化进程中的经济状况［J］．黑龙江史志，2013（3）．

31. 李春雨．论现代化过程中贫困的结构性前提——以俄罗斯为例［J］．理论与现代化，2017（2）．

32. 李海波．俄罗斯的城市化进程：历史与趋势［J］．开封教育学院学报，2019（3）．

33. 李静杰．俄罗斯的现代化之路：传统和现代的结合［J］．俄罗斯学刊，2011（1）．

34. 李同升，黄国胜．俄罗斯西伯利亚人口状况及其地理分析［J］．

人文地理，2007（3）．

35. 梁秋．俄罗斯现代化进程中的文化冲突与重建［J］．学术交流，2017（1）．

36. 刘英．俄罗斯文化政策的转轨与启示［J］．探索与争鸣，2012（2）．

37. 柳德米拉·贝德耶娃．俄罗斯社会现代化与生活质量测评［J］．理论与现代化，2016（6）．

38. 卢绍君．民族心理、社会现代化与俄罗斯的政治转型——兼论俄罗斯的政治发展方向［J］．俄罗斯中亚东欧研究，2012（3）．

39. 罗锡政，毛小杨．中国现代化模式之俄罗斯视域［J］．黑河学刊，2011（1）．

40. 梅春才．浅析苏联的城市化模式［J］．国外理论动态，2008（11）．

41. 庞大鹏．后苏联时期俄罗斯的国民心态［J］．俄罗斯学刊，2011（6）．

42. 宋兆杰，曾晓娟．俄罗斯"追赶型"现代化的特征和评析［J］．管理观察，2017（14）．

43. 唐耀华．城市化概念研究与新定义［J］．学术论坛，2013（5）．

44. 王长江，郭强．论社会主义与现代化的关系——基于新中国成立以来中国现代化实践历程的研究［J］．社会主义研究，2020（1）．

45. 王圣学．苏联城市化的历史特点和现状及特点［J］．人文地理，1990（1）．

46. 魏建国．俄罗斯民主法治发展滞缓的城市化不足因素探析［J］．俄罗斯东欧中亚研究，2014（4）．

47. 徐凤林．"俄罗斯世界观"与俄国现代化的哲学反思［J］．世界哲学，2017（1）．

48. 伊·弗·拉季科夫, 李铁军. 俄罗斯社会怀疑心态对现代化进程的阻碍 [J]. 当代世界与社会主义, 2013 (2).

49. 伊·瓦·鲍别列日尼科夫. 俄国现代化的空间特点 [J]. 吉林大学社会科学学报, 2008 (6).

50. 于丛笑. 俄罗斯政治体系及其现代化问题 [J]. 理论界, 2012 (10).

51. 余伟民. 国家主义现代化道路的历史作用及其局限性 [J]. 俄罗斯学刊, 2012 (5).

52. 俞路, 丘显平. 转轨以来的俄罗斯城市化进程研究 [J]. 俄罗斯研究, 2006 (2).

53. 张广翔. 俄国封建晚期城市化的若干问题 [J]. 东北亚论坛, 1999 (4).

54. 张广翔. 俄国封建晚期城市化缓慢的间接原因 [J]. 世界历史, 2003 (6).

55. 张广翔. 俄国封建晚期城市人口进城特点 [J]. 吉林大学社会科学学报, 1998 (3).

56. 张广翔. 俄国农民外出打工和城市化进程 [J]. 吉林大学社会科学学报, 2006 (6).

57. 张广翔. 19世纪末俄国城市化的若干特征 [J]. 吉林大学社会科学学报, 2008 (6).

58. 张广翔. 苏联史学界对俄国封建晚期城市研究述评 [J]. 长白学刊, 1998 (3).

59. 张广翔. 再论俄国城市化缓慢的间接原因 [J]. 吉林大学社会科学学报, 2007 (4).

60. 张文和, 李明. 城市化定义的研究 [J]. 城市化发展研究, 2000 (5).

61. 张笑丹. 浅谈叶卡捷琳娜二世对俄罗斯的影响 [J]. 商业文化, 2015 (10).

62. 踪家峰, 林宗建. 中国城市化 70 年的回顾与反思 [J]. 经济问题, 2019 (9).

63. 邹宏伟. 中国农业经济发展中存在的问题与建议 [J]. 农民致富之友, 2021 (11).

64. 左凤荣. 评俄罗斯的新型现代化之路 [J]. 当代世界社会主义问题, 2013 (2).

二、俄文文献

专著

1. КУСТАРЁВ А С. Нервные люди [M]. Москва: Научных изданий КМК, 2006.

2. ЯСИН Е Г. Модернизация России доклады для 10 конференций [M]. Москва: Издательский дом, 2009.

3. ГРУШИН А А. Четыре жизнь России в зеркале опросов общественного мнения [M]. Москва: Прогресс-традиция, 2006.

4. ШЕВЧЕНКО Н А. Современное государство, социум. человек: российская специфика [M]. Москва: Изд-во ИФ РАН, 2010.

5. ТИХВИНСКИЙ С Л. От античности до современности [M]. Санкт-Петербург: Издательство Собрание, 2012.

6. АРАЛОВЕЦ И А. Городская семья в России. 1927-1959г [M]. Харьков: Изд-во Гриф и К, 2009.

7. ПОЛЯКОВ А В. Население России в XX веке [M]. Москва: Российская политическая энциклопедия, 2001.

8. МАУ В А. Реформы и догмы [M]. Москва: РОССПЭ, 2013.

9. ДУКА А В. Элиты и власть в социальное пространство России [М]. Санкт-Петербург: Изд-во интерсоцис, 2008.

10. ЛАРИН В Л. История Дальнего Востока России: общество и власть на Российском Дальнем Востоке 1960-1991 гг [М]. Владивосток: ИИАЭ ДВО РАН, 2016.

11. МОТРИЧ Е Л. Население Дальнего Востока России [М]. Хабаровск: ДВО-РАН, 2006.

12. ЗАЙОНЧКОВСКАЯ Ж А, МКРТЧЯН Н. Внутненняя миграция в России: правовая практика [М]. Москва: Центра миграционных исследований, 2007.

13. НЕФЕДОВА Т Т. Город и сельское хозяйство [М]. Москва: Новое издательство, 2003.

14. ДАВИДОВИЧ В Г. Расселение в промышленных узлах [М]. Москва: Госстройиздат, 1960.

15. ДАВИДОВИЧ В Г. Планировка городов и районнов: инженерно-экономические основы [М]. Москва: Издательство литературы по строительству, 1964.

16. ВИШНЕВСКИЙ А Г. Демографическая модернизация России 1900-2000 [М]. Санкт-Петербург: Издательство《Новая история》, 2006.

17. ПОЛЯН П М. Город и деревня в европейской России: сто лет перемен [М]. Москва: О Г И, 2001.

18. ДАВИДОВИЧ В Г. Экономическая и социальная география в СССР [М]. Москва: Изд-ство Просвещение, 1987.

19. СЕНЯВСКИЙ А С. Урбанизация России в XX веке: роль в историческом процессе [М]. Москва: Изд-ство наука, 2003.

20. ПИВОВАРОВ Ю Л. Основы геоурбанизации [M]. Москва: Изд-ство Владос, 1999.

21. ПОЛЯН П М. Территориальные структуры - урбанизация - расселение. теоретические подходы и изучения [M]. Москва: Изд-ство Новый хронограф, 2014.

22. ЗАЙОНЧКОВСКАЯ Ж А. Миграция и урбанизация в СССР в послеоктябрьский период [M] //Население СССР за 70 лет. Москва: Изд-ство Наука, 1988.

23. ЗАЙОНЧКОВСКАЯ Ж А. Обезлюдение гор в свете эволюционных процессов в расселении [M] //Проблемы горного хозяйсва и расселения. Санкт-Петербург: Изд-во ИГ АН СССР, 1988.

24. ЗАЙОНЧКОВСКАЯ Ж А. Влияние демографических факторов на региональные особенности расселения [M] //География населния в условиях научно-технической революции. Москва: Изд-во, 1988.

25. ВИШНЕВСКИЙ А Г, ЗАЙОНЧКОВСКАЯ Ж А, ПРОХОРОВ Б Б. Человек в регионе: демоэкономический аспект [M] //Диалектика социального и природного в развитии человека и его отношениях с миром. Москва: Изд-во наука, 1990.

26. ЗАЙОНЧКОВСКАЯ Ж А. Современный этап эволюции расселения в СССР: сущность и основные черты [M] //Эволюция расселения в СССР. Москва: ИГ АН ССР, 1989.

27. ЗАЙОНЧКОВСКАЯ Ж А, АХИЕЗЕР А С. Научно-технический прогресс и территориальная структура жизнь трудящихся в СССР [M] // Общественное вопроизводство: экологические проблемы. Сборник статей. Москва: ИМРД, 1991.

28. ВАЖЕНИН С Г. Социальная инфраструктура народнохозяйст

183

венного комплекса [M]. Москва: Наука, 1984.

29. ПОЛЯН П М, ГЛЕЗЕР О Б, ПОПОВ Р И. Россия и её регионы в XX веке: территория - расселение - миграции [M]. Москва: О Г И, 2005.

30. СОКОЛОВ С Н. Пространственно - временная организация производительных сил Азиатской России [M]. Москва: Моск Нижневартовского гос гуманитарного ун-та, 2006.

31. ЕФИМОВ В С, ВОРОНОВ Ю П, ЛАПТЕВА А В. Сибирь и Дальний Восток в XXI веке: сценарные вариаты будущего аналитический доклад [M]. Красноярск: Изд-ство СФУ, 2018.

期刊

32. ГЕОРГИЙ З. Большие города и духовная жизнь [J]. Логос, 2002 (3).

33. ПИВОВАРОВ Ю Л. История современности: урбанизация России в XX веке: представление и реальность [J]. общественные науки и современность, 2001 (6): 101-114.

34. АХИЕЗЕР А С. Диалектика урбанизации и миграции в России [J]. Общественные науки и современность, 2000 (1): 78-90.

35. ПИВОВАРОВ Ю Л. История современности: урбанизация России в XX веке: представление и реальность [J]. Общественные науки и современность, 2001 (6).

36. ЗАЙОНЧКОВСКАЯ Ж А. Внутренняя миграция в России и в СССР в XX веке как отражение социальной модернизации [J]. Мир России, 1999 (4).

37. БАЛАБАНОВ С С. Типология мотивов иметь или не иметь

детей [J]. Социология исследования, 2009 (3).

38. ГОРШКОВ М К. Российское общество в социалогическом измерени [J]. Мир России, 2009 (2).

39. СУПРУН В И. Проблемы демографии Сибири и Германии [J]. Социолoге исследования, 2008 (3).

40. ЗАЙОНЧКОВСКАЯ Ж А. Трудовая миграция [J]. Отечественные записки, 2003 (3).

41. ЛЯХОВЕНКО Д И, Члков Д И. Основные экологические проблемы российских городов и стратегия их резрешения [J]. Русская политология, 2017 (3).

42. МАЛЕЕВА Т М, Синявская О В. Социанально-экономические факторы рождаемость в России: эмпирические измерения и вызовы социальной политики [J]. SPERO, 2006 (5).

43. ВАЩУК А С. Миграционные связи Дальнего Востока России с постсоветскими государствами в конце XX веке [J]. Россия и АТР, 2003 (4).

44. МЕЛЬВИЛЬ А Ю. Демографическая ситуация и миграционная политика на Российском Дальнем Востоке [J]. Аналитические доклады, 2005 (2).

45. ЛЫЛОВА О В. Экономическая адаптация селян к рыночным условием [J]. Социальные исследования, 2003 (9).

46. ВЛАСОВ С А. Становление и развитие городов на Дальнем Востоке России во второй половине XX века [J]. Социальные и демографические структуры. Ойкумена, 2013 (2).

47. СМИРНОВ И П. Средний город как объект георафического исследования [J]. Вестник ТвГУ, 2015 (2).

48. ЗАСЛАВСКАЯ Г И. Авангард российского экономического сообщества: гендерный аспект [J]. Социалогические исследования, 2006 (4).

49. ЗАСЛАВСКАЯ Г И. К вопросу о "среднем класссе" российского общества [J]. Мир России, 1998.

50. МИРОНОВ Б Н. Модернизация империческая и советская [J]. Вестник СПбГУ: История, 2018 (1).

51. ПЛИСКЕВИЧ Н М. "Path dependance" и проблемы модернизации мобилизационного типа [J]. Мир России, 2016 (2).

52. КУЗНЕЦОВА Я А. Факторы, тенденции и особенности урбанизации в Сибири в 1970 - 1980 годов [J]. Исторические исследования в Сибири: проблемы и перспективы, 2010.

53. КУЗНЕЦОВА Я А. Факторы, тенденции и особенности урбанизации в Сибири в 1970 - 1980 - е годы [J]. Исторические исследования в Сибири: проблемы и перспективы, 2010.